HEMMUNGSLOS KOCHEN

Die Deutsche Bibliothek – CIP-Einheitsaufnahme

Ein Titeldatenschutz für diese Publikation ist bei der Deutschen Bibliothek erhältlich

KNAUR Verlag München 2002

Umschlaggestaltung: Franz Hochwarter, Wien
Umschlagfoto: Stefan Liewehr, Wien
Konzept und redaktionelle Gestaltung:
Werner Meisinger, Büro Meisinger & Wagner, Wien
Fotos: Stefan Liewehr, Wien
Graphisches Konzept: Franz Hochwarter, Wien
Layout: Simone Scheutz
Korrektorat: Rudolf Novak
Reproduktion: LithoArt, München
Druck und Bindung: Appl, Wemding

Printed in Germany

ISBN 3-426-66712-6

Besuchen Sie uns im Internet:
www.droemer-weltbild.de

KARL UND RUDI OBAUER

HEMMUNGSLOS KOCHEN

24 WAHRHEITEN ÜBER DIE GUTE KÜCHE

» Die kulinarische Harmonienlehre «

INHALT

Einleitung 6

24 WAHRHEITEN

Nüsse & Gemüse 12
Bohnen, Linsen & Speck 22
Früchte & Meeresfrüchte 30
Helles Fleisch & Kräuter 44
Fisch & Sauerkraut 54
Paprika & Tomaten 62
Geflügel & Getreide 70
Ente & Orange 84
Kapern & Oliven 94
Kürbis & Curry 102
Pilze & Nudeln 108
Soja & Ingwer 116
Apfel & Leber 122
Schwein & Wurzeln 130
Zwiebel & Knoblauch 140
Wild & Beeren 148
Roter Wein & Rind 158
Bitter & Süss 170
Milch & Honig 178
Rum & Schokolade 186
Früchte & Joghurt 194
Topfen & Zitrone 202
Himbeeren & Vanille 208
Käse & Konfitüre 216

Register 222

Es gibt Leute, die schwören, dass die Existenz Gottes durch die Harmonie von Kaffee und gebratener Sardine bewiesen ist.

José Saramago

Hemmungslos

Aufruf zur Emanzipation! Zur selbstbewussten Interpretation jedweder Kochideen und zur Befreiung vom Diktat der grammgenauen Kochrezepte. Aufruf zum Weglassen und Hinzufügen nach Inspiration und Laune. Das Spiel mit den kulinarischen Grundakkorden macht es möglich. In diesem Buch sind 24 Harmonien des guten Geschmacks dargestellt und detailreich aufbereitet. Für ein fortan hemmungsloses Kochen.

Auf der Basis der hier gesammelten delikaten Harmonien lässt sich der Imperativ von Rezepten leicht und sicher überwinden. In Kenntnis einer solchen kulinarischen Grundmechanik der Geschmacksverbindungen fällt es auch leicht, die unendliche Literatur an Kochrezepten immer wieder neu zu nutzen. Bis sie schließlich und sehr bald ihre wertvollere Seite offenbart, nicht mehr als Sammlung von Forderungen und Verheißungen erscheint, sondern als freundlicher Aufwind die Phantasie beflügelt.

Die Verwendung zusammenpassender Zutaten führt aber noch nicht allein zum ausgewogenen Wohlgeschmack. Wie schon in Goethes Farbenlehre nachzulesen ist, entsteht „das eigentliche Harmonische nur dann, wenn alle Farben (in unserem Fall sind es die Aromen) nebeneinander im Gleichgewicht angebracht sind".

Und so stehen in diesem Buch zur Darstellung der Verhältnismäßigkeiten auch viele ausgearbeitete Rezepte. Erwarten Sie von diesen „Anleitungen" aber nichts Unmögliches! Erwarten Sie nicht, dass Sie am Handlauf dieser Texte präzise zu voraussehbaren Ergebnissen gelangen. Denn das Kochen ist nicht Mathematik, wo das Resultat einer Gleichung vorab in ein Lösungsheft geschrieben werden kann.

Individuelle Modifikationen werden ausdrücklich empfohlen, denn die Rezepte dieses Buches sind nur als Navigationsmarken zu betrachten. Sollten Ihnen dennoch exakte

Kopien der abgebildeten Gerichte passieren, dann haben Sie etwas falsch gemacht. Mehr Hemmungslosigkeit, das nächste Mal!

MEHR STATT WENIGER UND MEIST EIN WENIG MEHR ALS NÖTIG

Als weitere Einladung, ja leichtes Drängen zur freien Interpretation der Rezepte ist die Ausführlichkeit der Zutatenlisten zu verstehen. Die Listen sind oft lang. Mitunter so lang, dass die vollständige Herstellung des Sortiments an Fetten und Gewürzen und delikaten Kleinigkeiten umfangreiche Einkaufstouren, gelegentlich sogar Recherchen erfordern würde. Möge auch das ein Beitrag dazu sein, dass häufig schon beim Einkauf von den Originalen abgegangen und mit weniger oder anderen Zutaten zu ganz neuen Kreationen gefunden wird!
Die Zutaten sind übrigens nach Produktgruppen geordnet. Die wesentlichsten zuerst, Gemüse und Obst beieinander, die Fette, die Gewürze, die Flüssigkeiten und so weiter. Also in einkaufsrelevanter Zusammenstellung. Denn der Einkauf bestimmt den ganzen Rest des Kochens.

BEZÜGLICH TOPFEN, QUARK UND KAVALIERSPITZ

Die Bezeichnung der Zutaten und Küchengeräte wurde in diesem Buch so gewählt, dass eine flächendeckende Verständlichkeit zwischen Nordseestrand und Neusiedler See, zwischen Linz und Lüneburg erwartbar ist. Auf manche für die Identität der regionalen Küchen so wertvolle Vokabel musste im Streben nach dem hohen Ziel verzichtet werden. So wurden Erdäpfel und Schlagobers der Österreicher schweren Herzens hingeopfert im Abtausch gegen zentraldeutsche Klöße und Möhren. Sorry!

W. M.

Vor Ort

Das Restaurant Obauer befindet sich in Werfen, einem hübschen Markt im Salzburgerland. Werfen hat noch alles, was eine Landgemeinde so besonders lebenswert macht: einen ambitionierten Bäcker und einen Fleischer, eine Volksschule und eine eigene Bahnstation, sogar eine Burg. Darüber hinaus hat Werfen mit der „Eisriesenwelt“ auch eine berühmte Sehenswürdigkeit, denn die Eishöhlen, die unweit des Ortes im Kalkstock des Tennengebirges liegen, sind die größten der Welt. Morgens um sieben rufen die Kirchenglocken zur Andacht. Morgens um sieben hebt aber auch schon das Klappern und Klopfen und Hacken und Zischen in der Küche des Restaurants Obauer an, denn hier wird noch gekocht, wie es der Tradition entspricht: mit großem handwerklichem Aufwand und allumfassend. Umfassend in dem Sinn, dass auch eigenes Brot gebacken und selbst eingekocht wird, dass gewurstet und geräuchert und gesurt wird. Die regionalen Produkte sind für diese Küche natürlich von ganz besonderer Bedeutung. Als „regionale Küche“ könnte man sie dennoch nicht bezeichnen. Denn das Wesen der guten Küche liegt für Karl und Rudi Obauer in der Unbegrenztheit des Spiels mit harmonischen Geschmacksverbindungen. Und so kann es bei den Brüdern Obauer auch ganz leicht passieren, dass gedämpfter Wolfsbarsch aus dem Mittelmeer mit Pfirsichen und Fisolen aus dem eigenen Garten in die Pfanne kommt oder ein Werfener Maishendl gemeinsam mit Polentapaprika und Kalamari auf den Teller. Ein Rezept für „Kalamarihuhn“ steht übrigens auf Seite 76.

Hinter jedem erfolgreichen Koch steht ein starkes Team. Karl Obauer sen. kümmert sich unter anderem ums Gemüse.

Bedeutend für die Harmonie des Geschmacks ist auch die Harmonie in der Küche. Karl Obauer (links) und Rudi Obauer stehen seit mehr als 25 Jahren an einem Herd.

Foto: Haselhoff

Das Restaurant-Hotel Obauer in Werfen.

WIR DANKEN

Angelika, Rudi, Berthold und Max Obauer, Peter Buchegger, Florian Reichholf und den weiteren Mitarbeitern des Restaurants für den Beitrag zum Gelingen dieses Buches. Für entbehrte und zusätzlich aufgewendete Zeit und für jede andere Hilfe.

Rudi Obauer
Karl Obauer

116 REZEPTE. *Für tausend Kochideen.*

I NÜSSE & GEMÜSE

Melange der Gegensätze

Die Harmonie von Nüssen mit Gemüse ist eine der tragfähigsten unter den geschmackvollen Verbindungen. In den asiatischen Kochkulturen wird sie sehr gerne angewendet und ganz besonders in der indischen. Woran es wohl liegt, dass Nüsse mit Gemüse so gut harmonieren? Gewiss auch an der Gegensätzlichkeit der beiden Elemente. Denn Nüsse sind fett, Gemüse ist meistens mager; die meisten Gemüsesorten sind von eher zartem Geschmackscharakter, und Nüsse können sich am Gaumen ziemlich wichtig machen; Blattgemüse und viele Knollen- und Wurzelgemüse genießt man weich gekocht, Nüsse liefern durch ihre knusprige Konsistenz einen reizvollen Kontrast.

Wie einfach die Zugabe von Nüssen ein gewohntes Gemüse aufwerten kann, ist am Beispiel eines klassisch-indischen GURKENSALATS zu probieren: Geschälte und entkernte Gurken in kleine Würfel schneiden, mit gehackter Chilischote sowie geschälten und grob gehackten Erdnüssen und geriebener Kokosnuss vermischen, von den Nüssen pro Gurke jeweils 1 bis 2 Löffel geben. Einen Schuss Pflanzenöl mit einer kräftigen Prise Senfkörner erhitzen, heiß über die Gurken gießen und vermischen. Mit Salz und Zucker abschmecken, als Kräuter passen Koriander und natürlich Currykraut.

Ein kleiner Baustein von größter Nützlichkeit ist für die Nüsse-&-Gemüse-Küche ein so genanntes ERDNUSSPESTO. Mit dem klassischen Kräuter-Pinienkern-Pesto der Italienischen Küche hat es zweierlei gemein: Es kann im Mörser zubereitet werden, und

Abseits der Pinienkerne
Pesto-Variationen
Pesto aus Erdnüssen, Mandeln oder gemischten Nüssen passt vorzüglich zu Blattgemüse.

es ist vielseitigst verwendbar. So wird's gemacht: 200 g Erdnüsse auf ein Blech streuen und im Rohr bei 250 °C bis zur leichten Braunfärbung rösten. Auf ein Tuch geben und reiben, bis die Schalen entfernt sind. Nüsse mit einer schweren Pfanne oder einem Klopfer zerschlagen (immer noch im Tuch). Im Mörser unter Zugabe von Salz, Erdnussöl und Pfefferkörnern fein zerreiben. So lang bearbeiten, bis die Konsistenz einer dicken Sauce gleicht, was durch die Zugabe von weiterem Öl gesteuert werden kann. Dieses Pesto verleiht Blattgemüse, von Spinat bis Pak Choi, den gewissen Kick der avancierten Küche.

Für spezielle Anwendungen lässt sich dieses Pesto noch vielfältig variieren. Es passt beispielsweise auch Knoblauch hinein (geschält, in Scheiben geschnitten, in Olivenöl fast braun gebraten), und so passt es zu geschmackskräftigem Fisch. Man kann auch Wacholderbeeren und/oder Gin mit den Erdnüssen verreiben und klein geschnittene Rosinen und Dörrzwetschgen einrühren, wenn man das Pesto mit herbstlichem Gemüse wie Rotkraut oder Wirsing und weiters mit Wild und dunklem Fleisch kombinieren will.

Als zweites Basic für spannende Gemüsegerichte empfiehlt sich eine MANDELSAUCE. Dafür 50 g gehobelte Mandeln im Rohr leicht rösten. Mit jeweils 1/4 l Hühnerbrühe und Wasser, 200 g Sahne sowie fein geschnittenem Zitronengras und einer Prise Curry so lang kochen, bis sich eine sämige Sauce ergibt. Durch ein Sieb streichen und mit Salz und schwarzem Pfeffer abschmecken. Passt vorzüglich zu Wurzelgemüse, wie zum Beispiel zu gedämpften Rübchen (Navettes), Frühlingszwiebeln oder Lauch.

Auberginen-Tatar mit Nüssen und Mandeln

Zutaten für 6 Portionen
Zubereitungsdauer ca. 1/2 Std.

2 Auberginen
3 Knoblauchzehen
Zitronenthymian
Sauerrahm (saure Sahne) oder Ziegenjoghurt
Olivenöl
Sherryessig
Tabasco
Zucker, Salz

Für die Nüsse
30 g Walnusskerne
30 g abgezogene Mandeln
Curry
Salz

1 Aus der Mitte der Auberginen 6 lange, dünne Blätter herausschneiden. Den Rest der Auberginen in kleine Würfel schneiden und für ca. 10 Minuten in gut gesalzenes Wasser legen. Wasser abgießen.
2 Knoblauch abziehen und blättrig schneiden. Fingerhoch Olivenöl in einen Topf gießen und kräftig erhitzen. Knoblauch und einige Zweige Zitronenthymian in den Topf geben. Knoblauch hellbraun braten. Auberginen und 1 EL Zucker zugeben, verrühren und zugedeckt bei reduzierter Hitze ca. 10 Minuten dünsten. Mit Essig, Tabasco und Salz abschmecken. Auskühlen lassen.
3 Nüsse und Mandeln in eine Pfanne geben und mit wenig Curry und Salz bestreuen. 1 EL Wasser zugeben, im Backofen bei 250 °C rösten; das Wasser sollte dabei völlig verdampfen.
4 Auberginenblätter ohne Fett beidseitig braten. Eine Tasse mit einem Auberginenblatt auslegen und Tatar einfüllen. Das so gefüllte Auberginenblatt aus der Tasse heben und auf einen Teller setzen. Mit Nüssen bestreuen.
5 Sauerrahm leicht salzen, verrühren und wie eine Sauce auf die Teller träufeln. Tatar mit Kräutern bestreuen.

Der artverwandte Aufstrich
Auberginen & Baguette
Wenn man Auberginen auf die oben beschriebene Weise dünstet, zusätzlich zu gleichen Teilen Crème fraîche und Sauerrahm zugibt und die weich geschmorten Auberginen püriert, erhält man einen schmackhaften Aufstrich. Mit Cayennepfeffer, Kreuzkümmel und Zitronensaft kräftig abschmecken!

Dreimal Reis mit Nüssen und Gemüse

Zutaten für je 6 Portionen
Zubereitungsdauer ca. 1/2 Std.

300 g Basmati- oder Duftreis
Erdnussöl

Für den Reis mit Pilzen und Cashewnüssen
200 g Pilze (Austernpilze, Shiitake-Pilze, Morcheln ...)
50 g Cashewnüsse
2 Knoblauchzehen
2 Eier
Erdnussöl
Sojasauce (dünnflüssig)

Für den Reis mit Hühnerfleisch, Spargel und Erdnüssen
1 Hühnerbrustfilet
250 g fingerdicker Spargel
50 g Sojasprossen
1 Knoblauchzehe
Minze
50 g gesalzene Erdnüsse
Zitronengras
Erdnussöl
Sojasauce (dünnflüssig)
Zucker
Salz

Für den Reis mit Pak Choi und Erdnüssen
1 Staude Pak Choi
1 Bund Frühlingszwiebeln
50 g gesalzene Erdnüsse
1 Knoblauchzehe
Ingwer
Erdnussöl
Paprikapulver
Sojasauce (dünnflüssig)

Reis in Erdnussöl anschwitzen, mit 600 ml Wasser aufgießen. Aufkochen, Hitze reduzieren, Reis zugedeckt weich dünsten.

Für den Reis mit Pilzen

1 Eier mit einer Prise Salz verquirlen, in eine beschichtete Pfanne mit ein wenig erhitzter Butter gießen. Möglichst dünne „Pfannkuchen“ braten.
2 Pilze blättrig oder in Stücke schneiden. Knoblauch abziehen und blättrig schneiden. Beides in sehr heißem Öl braten. Nüsse zugeben, kurz mitbraten und einen Schuss Sojasauce zugießen. Mit dem Reis vermengen.
3 Gebratenes Ei in Streifen schneiden und unterheben.

Für den Reis mit Huhn

1 Spargel schälen und harte Enden wegschneiden. Spargel in Wasser mit Salz und Zucker kochen. Aus dem Fond heben und in Stücke schneiden.
2 Knoblauch abziehen und blättrig schneiden. Ein 3 cm langes Stück Zitronengras fein schneiden.
3 Hühnerfleisch in dünne Streifen schneiden. Gemeinsam mit Knoblauch und Zitronengras in Erdnussöl scharf anbraten. Nüsse und Sojasprossen zugeben und alles kurz braten. Mit einem Schuss Sojasauce würzen.
4 Reis in die Pfanne geben und mit dem Hühnerfleisch mischen. Fein geschnittene Minze unterheben.

Für den Reis mit Pak Choi

1 Frühlingszwiebeln in ca. 3 cm lange Stücke schneiden. Pak Choi in fingerbreite Streifen schneiden. Knoblauch abziehen und blättrig schneiden.
2 Alles mit 1 TL fein geschnittenem Ingwer in Öl scharf anbraten, mit Paprikapulver und einem kleinen Schuss Sojasauce würzen.
3 Erdnüsse unterheben und alles mit Reis vermischen.

Zusätzlich passen in diesen Reis auch gebratene Garnelen oder gekochter Hummer!

Zwiebelsuppe mit Kokosnussmilch

Zutaten für 4 Portionen
Zubereitungsdauer ca. 1/2 Std.

2 Bund Frühlingszwiebeln
2 weiße Zwiebeln
50 g Sojasprossen
100 g Shiitake-Pilze oder Eierschwammerl (Pfifferlinge)
50 g Walnusskerne
3 Knoblauchzehen
Ingwer
3/4 l Hühnerbrühe
1/8 l Kokosmilch
Tapiokamehl
Sojasauce (dünnflüssig)
Cayennepfeffer oder Tabasco

1 Frühlingszwiebeln in Stücke schneiden. Zwiebeln abziehen und in Spalten schneiden. Knoblauch schälen und klein schneiden. Ingwer schälen und fein schneiden (1 EL voll). Walnusskerne hacken. Pilze putzen und blättrig schneiden.
2 Brühe mit Kokosmilch aufkochen. Alle vorbereiteten Zutaten einlegen und die Suppe 3 Minuten leise kochen. Sojasprossen zugeben und kurz ziehen lassen.
3 Ein wenig Tapiokamehl in etwas Wasser anrühren. In die Suppe einkochen, bis eine leichte Bindung entsteht. Mit Sojasauce und Cayennepfeffer oder Tabasco abschmecken.

Artischocken mit Bohnencreme

Zutaten für 4 Portionen
Zubereitungsdauer ca. 2 Std.

8 große Artischocken
Kerbel
Zitronensaft
3 EL Walnussöl
Salzmandeln
Tabasco
Salz

Für die Bohnencreme
150 g weiße Bohnen
Rosmarin
Amaretto
60 ml Kokosmilch
Milch
Tabasco
schwarze Pfefferkörner
Salz

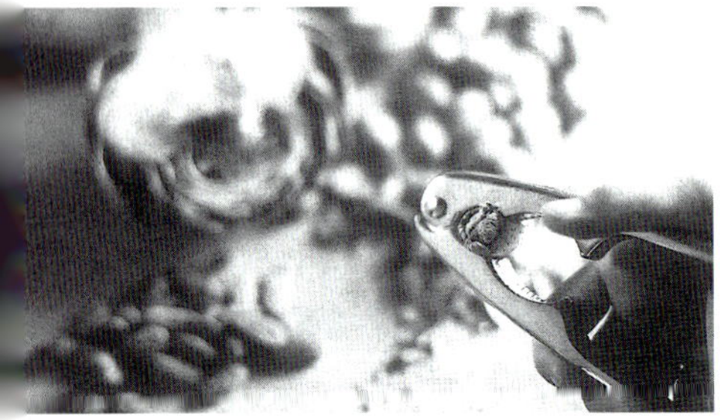

Edelgemüse wie Artischocken oder Spargel harmonieren mit Nüssen ganz besonders gut.

1 Zuerst das Püree zubereiten: Bohnen ca. 12 Stunden einweichen.
2 In viel frischem Wasser und Milch zu gleichen Teilen weich kochen, dabei einige schwarze Pfefferkörner und einen Zweig Rosmarin mitkochen. Nicht salzen, die Bohnen könnten aufplatzen.
3 Bohnen abseihen, den Fond dabei auffangen. Bohnen mit einem guten Schuss vom Kochfond, einem Schuss Amaretto, Kokosmilch und Salz mixen. So viel vom Fond zugeben, dass die Bohnencreme flaumig wird. Mit Salz und Tabasco abschmecken.
4 Von den Artischocken die Stiele abbrechen. Artischocken in Salzwasser kochen, bis sich die Böden mit einer Nadel leicht einstechen lassen.
5 Artischocken in kaltes Wasser legen und die Blätter abzupfen. Mit einem Löffel das Heu von den Artischockenböden kratzen.
6 Blätter ausschaben. Das so gewonnene Artischockenmark mit Öl cremig verrühren. Mit Salz, Tabasco oder Cayennepfeffer sowie Zitronensaft abschmecken.
7 Mandeln rösten und klein hacken (2 EL voll). Kerbel klein schneiden (2 EL voll). Beides mit dem Artischockenmark verrühren.
8 Artischockenböden auf die Teller setzen. Bohnencreme auf die Böden geben.

Die Bohnencreme ist auch eine angenehme Begleitung zum Aperitif. Mit Stangensellerie servieren!

Wirsingsuppe mit Gänsekeulen und Nussbrot

Zutaten für 8 Portionen
Zubereitungsdauer ca. 1 Std.

1 kl. Wirsing
1 Zwiebel
3 Knoblauchzehen
2 Gänsekeulen
Erdnussöl
2 l Hühnerbrühe
2 mehlige Kartoffeln
50 g Walnusskerne
Balsamico-Essig
Majoran
schwarze Pfefferkörner
Salz

Für das Nussbrot
500 g Roggenmehl
1 TL Salz
10 g Hefe
250 g Walnusskerne
50 g Rosinen

1 Zuerst das Nussbrot zubereiten (siehe unten).
2 Vom Wirsing die äußeren Blätter entfernen. Strunk ausschneiden. Wirsing in feine Streifen schneiden. Zwiebel und Knoblauch abziehen und klein schneiden. Von den Gänsekeulen die Knochen auslösen. Fleisch und Haut klein hacken oder durch die grobe Scheibe des Fleischwolfs drehen.
3 Einen guten Schuss Öl erhitzen und das Fleisch darin anbraten. Zwiebel, Knoblauch und Wirsing einrühren. Mit Brühe aufgießen und 30 Minuten leise kochen lassen.
4 Kartoffeln schälen und in Würfel mit ca. 1/2 cm Kantenlänge schneiden. In die Suppe geben und 15 Minuten kochen lassen. Mit grob gemahlenem Pfeffer und Salz abschmecken.
5 Nüsse hacken, in einer Pfanne ohne Fett rösten und mäßig salzen. Suppe in Teller schöpfen, mit gerösteten Nüssen und ein wenig Majoran bestreuen und mit Balsamico-Essig beträufeln.

Ergänzung und Variation

Bekenntnis zur Üppigkeit: Zum guten Schluss einige dicke Scheiben von der schwarzen Trüffel in die Suppe geben (im Sinne einer Garnitur „à la Gascogne") oder in Würfel geschnittene Gänseleber („à la Elsass").

Das Brot

1 Alle Zutaten außer Nüssen und Rosinen mit 350 ml Wasser in die Rührschüssel einer Küchenmaschine geben, dabei die Hefe in kleine Stücke bröseln. Mit geringer Geschwindigkeit ca. 10 Minuten kneten. Nüsse und Rosinen einarbeiten. Teig mit Mehl bestreuen und mit einem Tuch bedeckt mindestens eine halbe Stunde ruhen lassen.
2 Teig zu 3 Broten formen und auf ein Blech setzen. Mit Mehl bestreuen, mehrfach einschneiden und nochmals bedeckt stehen lassen.
3 Brot in den auf maximale Hitze vorgeheizten Backofen schieben (gut wären 300 °C). Nach 5 Minuten die Hitze auf 200 °C reduzieren, einen Schuss Wasser auf das Backblech gießen und das Brot fertig backen (dauert ca. 30 Minuten).

Die Backdauer des Brotes ist überaus variabel und von der Leistung des jeweiligen Backofens abhängig. Zur Garprobe aufs Brot klopfen: Wenn ein dumpfer Ton hörbar wird, ist es ausreichend gebacken.

Spinatpizza mit Pinienkernen und Ziegenkäse

Zutaten für 6 Portionen
Zubereitungsdauer ca. 1 Std.

Für den Teig
250 g Mehl
20 g Hefe
1 EL Olivenöl
1 Prise Zucker
1 Prise Salz

Für den Belag
500 g Blattspinat
3 Knoblauchzehen
50 g Pinienkerne
150 g Ziegenfrischkäse
2 Eier
Erdnussöl
schwarze Pfefferkörner
Salz

1 Die Zutaten für den Teig mit vorerst 80 ml lauwarmem Wasser in einer Küchenmaschine mit Knethaken kneten. Die Maschine dabei auf höchste Leistung stellen. Falls erforderlich, nach und nach weiteres Wasser zugeben. Nach etwa 5 Minuten Bearbeitung soll ein weicher und geschmeidiger Teig entstehen, gerade so feucht, dass er noch leicht an der Rührschüssel haften bleibt.
2 Teig mit Mehl bestäuben und mit einem Tuch bedeckt mindestens 30 Minuten aufgehen lassen. Teig auf einer gut bemehlten Fläche bis zur Größe des Backblechs ausbreiten. Die Ränder etwas dicker lassen, zur Mitte hin dünn ausziehen. Teig mit einer Gabel über die ganze Fläche vielfach einstechen. Mit Olivenöl besprenkeln oder bestreichen.
3 Spinat putzen und waschen. Gut abtropfen lassen oder trocken schleudern.
4 In einer großen Schüssel Eier mit 3 EL Öl, Pinienkernen, gepresstem Knoblauch und Spinat vermischen. Spinat auf den Teig geben. Käse in Scheiben schneiden und auf den Spinat legen. Mit Salz und grob gemahlenem Pfeffer bestreuen.
5 Pizza im vorgeheizten Backofen bei 250 °C ca. 10 Minuten backen.

Alternativen ohne Zahl

Noch mehr Pizza „Nüsse und Gemüse"

Statt Spinat kann man natürlich auch Rucola, in Streifen geschnittenen Radicchio, blättrig geschnittene Artischockenböden oder blanchierte Zwiebeln verwenden. Nüsse nach Belieben. Als Käse eignen sich auch Butterkäse wie Montasio oder der klassische „Pizzakäse" Mozzarella.

2 BOHNEN, LINSEN & SPECK

Harmonie der Deftigkeiten

Aus der Not hat sich diese Harmonie ergeben, nämlich aus der Not an Kühlschränken und Frischfleischabteilungen. Vor deren Zeiten war der Winter die ausschließliche Zeit haltbarer Nahrungsmittel, in der Art von Stockfisch und Pökelfleisch, Kohl und Kartoffeln und nicht zuletzt von Speck und Hülsenfrüchten. Leicht fallen einem noch weitere ein und auch die unsäglichen, wenn auch nahrhaften Gerichte, die daraus entstehen können.

Ein CASSOULET nach der Art des Languedoc kann so oder so sein – schlichter Brennwert aus Bohnen und Speckwurst oder eine delikate Melange wunderbarer Deftigkeiten. ***Man nehme dicke Bohnen,*** weiche sie ein und köchle sie wie üblich, aber merklich bissfest. Man gebe walnussgroß geschnittene Kartoffeln zu und ein wenig kleiner geschnittene Speckwurst (reichlich), Wirsing in Streifen, auch Kastanien, wenn einem danach ist. Köchle weiter, bis die Bohnen weich sind, würze mit Salz, Pfeffer, Essig und reichlich Kräutern – Majoran, Thymian, Bohnenkraut, Beifuß, das eine oder andere kann auch getrocknet sein, in diesem Fall hat man das Kraut aber schon früher in den Topf gegeben. Knoblauch fehlt noch. Dem kann man in diesem Fall – „Harmonie der Deftigkeiten" – einen spektakulären Auftritt geben: Ganze Knoblauchzehen in reichlich Butter mit ein wenig Thymian weich braten. Auf den bereits in Tellern angerichteten Eintopf geben.

Von Bohnen, Linsen und Speck steht noch eine ganze Menge auf den nächsten Seiten, sie sind aber nur Beispiele für ein ganzes Spektrum artverwandter Zutaten. Als artverwandt mit dem Speck lassen wir hier auch Geräuchertes gelten, also auch Räucherlachs.

Mit Lachs lassen sich feine LINSENSALATE zubereiten: Berglinsen oder eine ähnlich zarte Sorte in reichlich Salzwasser kochen, abseihen und noch warm mit Sherryessig, Walnussöl, Salz und Pfeffer marinieren. Friséesalat oder ähnlich attraktive Blätter dazustecken, Scheiben vom Räucherlachs darauf legen, mit frisch geriebenem Kren bestreuen, denn der gehörte ja auch zum Speck.

Wie Senf & Kren. Diese Kombination wäre auch spannend darzustellen, jedoch mangelt es am Platz. Hier also mit Bedauern nur in Form von SENFBOHNEN als Beispiel. Für diese ist es gut, wenn man zuvor Surhaxe gekocht hat. Die wäre passend zu den Bohnen und liefert auch einen Fond, der Bohnen besonders schmackhaft macht; beides ist verzichtbar (siehe unten). Wir nehmen zur Abwechslung hübsche Wachtelbohnen, weichen sie ein und kochen sie mit Thymian und Beifuß (wenn verfügbar). Eine Speckschwarte hat man für solche Zwecke aufgespart und kocht sie mit. Für die Marinade wird 1/4 l vom angesprochenen Fond oder ersatzweise Hühnerbrühe mit 3 Eiern, 2 EL scharfem Senf, 2 EL frisch geriebenem Kren, Salz und Pfeffer sämig aufgemixt. Damit die gekochten Bohnen marinieren. Darauf Surhaxe oder saftigen Beinschinken geben.

Ein wenig freier noch gedacht, könnte man aus grünen Bohnen und Speck auch einen Sommersalat zubereiten: Bohnen in gesalzenem Wasser weich kochen. Frühstücksspeck in feine Streifen schneiden und gemeinsam mit blättrig geschnittenem Knoblauch kross braten. Warme Bohnen und Speck vermischen, einen Klacks Sauerrahm darauf geben, mit frischem Majoran oder Oregano bestreuen und darauf etwas Geräuchertes geben, das in den Sommer passt. Räucherforelle beispielsweise oder gebratene Jakobsmuscheln, die sind zwar nicht geräuchert, passen aber trotzdem.

Bohnencreme mit Speck und gebratenen Schalotten

Zutaten für 4 Portionen
Zubereitungsdauer ca. 2 1/2 Std.

100 g weiße Bohnen
3 Knoblauchzehen
Bohnenkraut
1 Stück Speck- oder Schinkenschwarte
Olivenöl
Tabasco oder Cayennepfeffer
Pfeffer
Salz

Für die Schalotten
12 große Schalotten
ca. 1 kg grobkörniges Meersalz

Zum Anrichten
80 g grüner Speck (am besten Lardo, das ist gewürzter Fettspeck aus Italien)
Knoblauch
Zitronensaft
Salbei
Kapernfrüchte
Oliven
Olivenöl

1 Bohnen mindestens einen halben Tag einweichen. Mit einer Speck- oder Schinkenschwarte und Bohnenkraut in einen Topf geben, mit frischem Wasser bedecken und in 1 bis 2 Stunden weich kochen.
2 Die Hälfte der Flüssigkeit abgießen, aber nicht wegschütten. Die Schwarte aus dem Topf nehmen. Bohnen unter Zugabe von ca. 60 ml Olivenöl und gepressten Knoblauchzehen pürieren; so viel vom Bohnenfond einmixen, dass sich eine angenehm cremige Konsistenz ergibt. Mit Salz, Pfeffer und Tabasco oder Cayennepfeffer abschmecken.
3 Für die Schalotten eine ofenfeste Form mit Meersalz ausstreuen. Schalotten auf das Salz setzen und bei 220 °C im Backofen braten, bis sie weich sind. Das dauert ca. 45 Minuten.
4 Schalotten der Länge nach einschneiden und leicht aufdrücken. Ein wenig geriebenes Meersalz in die Schalotten streuen und je einen Löffel Bohnencreme darauf geben. Schalotten auf Teller setzen.
5 Speck in hauchdünne Scheiben schneiden und locker auf die Teller legen.
6 Einen Schuss Olivenöl mit 2 EL Zitronensaft, einigen gehackten Kapern und Oliven und einer halben gepressten Knoblauchzehe verrühren. Dieses Dressing auf die Teller träufeln und mit Kapernfrüchten, Oliven und Salbeiblättchen garnieren.

Salat von breiten Bohnen mit Linsen und Speck

Zutaten für 4 Portionen
Zubereitungsdauer ca. 1 Std.

300 g breite Bohnen
100 g grüne Linsen
150 g Frühstücksspeck
Speckschwarte
Sherryessig
Salz

Für die Garnitur
Majoran
Bohnenkraut

Für die Sauce
1 Ei
60 ml Erdnussöl
1 TL Estragonsenf
Worchestershiresauce
Tabasco
Salz

1 Linsen 30 Minuten in lauwarmem Wasser einweichen.
2 Bohnen putzen und die Enden wegschneiden. Bohnen in zwei Finger breite Stücke schneiden.
3 Bohnen 2 bis 3 Minuten in reichlich gesalzenem Wasser kochen und in eiskaltem Wasser abschrecken.
4 Linsen abseihen, mit kaltem Wasser bedeckt aufsetzen. Die Speckschwarte zugeben und alles ca. 10 Minuten leise kochen lassen. Linsen abseihen, dabei den Fond auffangen. Linsen salzen und mit Essig abschmecken.
5 Speck in kleine Würfel schneiden und knusprig braten. Auf Küchenkrepp abtropfen lassen.
6 Für die Sauce Ei hart kochen, abschrecken, pellen und durch ein Sieb drücken. Mit den anderen Zutaten, einem Schuss Worchestershiresauce und Linsenfond zu einer cremigen Sauce mixen.
7 Linsen mit Bohnen und der Sauce mischen. In tiefe Teller geben, mit Bohnenkraut, Majoranblättchen und den Speckwürfeln bestreuen.

Noch mehr Geschmack

Zusätzlich passen auf diesen Salat Wachteleier: 1 1/2 Minuten kochen, sofort eiskalt abschrecken (sonst lässt sich die Schale nur sehr schwer lösen).

Räucherforelle mit Specklinsen

Zutaten für 4 Portionen
Zubereitungsdauer ca. 1 Std.

2 Räucherforellen
50 g Speck
100 g Berglinsen
100 g rote Linsen
2 Schalotten
1 Knoblauchzehe
Petersilie
getrocknete Steinpilze
Tapiokamehl
3 EL Butter
3 EL Sojasauce
1 kl. Lorbeerblatt
Pfeffer
Salz

1 Berglinsen und rote Linsen separat in Wasser einweichen. Das Fleisch der Räucherforellen von den Gräten heben oder zupfen und in Stücke brechen.
2 Gräten in einen Topf geben, dazu eine Schalotte, das Lorbeerblatt und einige getrocknete Steinpilze. Mit Wasser aufgießen, sodass alles bedeckt ist. Aufkochen, Topf vom Herd nehmen und den Fond ca. eine halbe Stunde ziehen lassen. Fond abseihen.
3 Rote Linsen in Salzwasser ca. eine Minute kochen, abseihen und abspülen. Berglinsen auf gleiche Weise, aber ca. 5 Minuten garen. Beide Linsensorten sollten danach bissfest sein.
4 Speck in kleine Würfel schneiden. Eine Schalotte und die Knoblauchzehe fein hacken. Alles in 1 EL Butter anschwitzen. 1/4 l Räucherforellenfond und Sojasauce zugießen, 5 Minuten leise kochen lassen.
5 Etwas Tapiokamehl in einer Tasse mit wenig kaltem Wasser glatt rühren. In die Sauce einrühren und aufkochen lassen, bis die Sauce gebunden ist. Linsen zugeben, alles einmal aufkochen lassen, mit Salz und Pfeffer abschmecken, eventuell gehackte Petersilie einrühren.
6 1/8 l Räucherforellenfond erhitzen, 2 EL Butter einmixen, mit Salz und Pfeffer abschmecken.
7 Räucherforellenfilets im Backofen leicht erwärmen (sie sollen aber nicht richtig heiß werden) und auf Teller geben. Linsen dazugeben, mit schäumend aufgemixter Sauce überziehen.

Herbst & Linsen

Immer wieder anders

Linsen sind nahezu unendlich variierbar und passen vor allem zu vielen herbstlichen Zutaten: Man kann sie beispielsweise mit Steinpilzen oder Herbsttrompeten kombinieren. Für einen Kartoffel-Linsen-Salat mischt man in Würfel geschnittene gekochte Kartoffeln mit gekochten und abgekühlten grünen Linsen und mariniert mit Sherryessig, Senf und Olivenöl. Für Schwarzwurzel-Linsen mischt man Essiglinsen mit Stücken von gekochten Schwarzwurzeln. Genauso geht es mit weißen oder roten Rüben. Für einen Rotkraut-Linsen-Salat mischt man feinst gehobeltes Rotkraut mit gekochten und abgekühlten Linsen und klein geschnittenen kandierten Orangen und mariniert mit Sherryessig, Orangensaft, Sonnenblumenöl, Salz und Pfeffer.

Kalbsnieren mit Essiglinsen und Speck

Zutaten für 4 Portionen
Zubereitungsdauer ca. 3/4 Std.

2 Kalbsnieren à ca. 300 g (geputzt)
4 dünne Scheiben luftgetrockneter Schinken oder Speck
1 Tasse (200 ml) rote Linsen
1 Tasse (200 ml) grüne Linsen
3 Schalotten
2 Knoblauchzehen
Majoran
Schnittlauch
Tapiokamehl
1/4 l Brühe
Erdnussöl
2 EL Butter
Balsamico-Essig
Weißweinessig
Dijonsenf
schwarzer Pfeffer
Salz

1 Rote und grüne Linsen getrennt in kaltem Wasser einweichen. Ca. 1/4 Stunde wässern.
2 Schalotten klein schneiden, Knoblauchzehen pressen, beides in 1 EL Butter anschwitzen.
3 Linsen abseihen. Grüne Linsen mit den Schalotten verrühren, mit Brühe aufgießen, ca. 10 Minuten kochen lassen. Rote Linsen abseihen und einrühren, nochmals 5 Minuten kochen lassen.
4 Etwas Tapiokamehl in einer Tasse mit wenig kaltem Wasser glatt rühren. In die Linsen rühren und aufkochen lassen, bis die Linsen gebunden sind. Mit Salz, Pfeffer, Weißweinessig, frischem Majoran und geschnittenem Schnittlauch abschmecken.
5 Nieren in walnussgroße Stücke schneiden.
6 In einer Pfanne einen Schuss Erdnussöl erhitzen, Nieren zugeben und 1/8 l Wasser zugießen. Die Pfanne zudecken und die Nieren bei geringer Hitze ca. 5 Minuten gar ziehen lassen. Mit Salz und Pfeffer würzen.
7 Nieren aus der Pfanne heben. Einen Schuss Balsamico-Essig sowie 1 TL Senf und 1 EL Butter in die Pfanne geben, alles bis zum Aufschäumen der Butter erhitzen.
8 Schinken oder Speck auf einen Teller mit Küchenkrepp legen und mit Küchenkrepp abdecken. Im Mikrowellengerät bei maximaler Leistung knusprig braten.
9 Nieren mit Linsen und Speck oder Schinken anrichten.

3 FRÜCHTE & MEERESFRÜCHTE

Aromabilder aus den Tropen

Fisch ist gefügig. Er fügt sich ganz wunderbar in die gegensätzlichsten Geschmacksverbindungen ein und kann in seiner differenzierten Art völlig unvermutete Synergien stiften. Welcher Fisch womit, ist nur die Frage, denn zwischen der Seezunge mit ihrer milden Eleganz und dem rustikalen Karpfen besteht ein gewaltiger Unterschied, bedeutender als zwischen allen Sorten von dunklem Fleisch. Nimmt man die ganze Welt der Meeresfrüchte zur Betrachtung her, scheint praktisch alles möglich.

Ist es natürlich nicht. Aber mit der Kombination von Früchten und Meeresfrüchten vollzieht sich das Spiel mit den Aromen auf gesichertem Terrain. Drei Zugänge tun sich auf:
> der karibische,
> der fernöstlich-ozeanische und
> der mediterrane.

Beginnen wir am Mittelmeer, um mit dem nahe Liegenden anzufangen. Orangen und Mandarinen, Limonen und Zitronen, Feigen und Granatäpfel sind das Obst der Region,

Kräuter wie Rosmarin, Oregano, Zitronenthymian und Verbene, das Zitronenkraut, ergänzen die ätherisch-leichte Palette mediterraner Aromen.
Festfleischige Fische wie Steinbutt, Branzino oder Seeteufel passen damit gut zusammen, auch SEEZUNGE mit Limoncello-Kräuter-Saft wäre eine überzeugende Kombination. Dafür Seezungenfilets in halb Olivenöl, halb Butter braten, aus der Pfanne heben, Bratensatz mit einem Spritzer Limoncello (das ist ein Zitronenlikör) ablöschen, Zitronenthymian oder in Streifen geschnittene Blätter von Minze oder Melisse einrühren.

Das fernöstlich-ozeanische Tor führt uns zu üppigen Tropenfrüchten wie Mangos und Papayas. In Vereinigung mit der frischen Salzigkeit von Sojasaucen und der Befeuerung durch Ingwer, Curry oder Chili lassen sich mit diesen Früchten und Meeresfrüchten spannende Gerichte komponieren. Auch die Verbindung von knackig-festen und zart-schmelzenden Konsistenzen, die ebenso der asiatischen Kochkultur entspricht, ergibt sich dabei ganz natürlich.

Was man sich darunter vorstellen kann?
GEBRATENES SEEZUNGEN- oder Branzinofilet mit Mango und Gemüse beispielsweise. Dafür den Fisch wie üblich braten, das Gemüse – Frühlingszwiebeln, Erbsenschoten, Sojabohnensprossen, grüne Bohnen … – wie üblich bissfest kochen oder braten, mit Sojasauce und klein geschnittenem Ingwer würzen und aromatisieren, zum Fisch servieren.

Bleibt noch der Blick in die Karibik, wo sich der Grundakkord der Cuisine Créole als Sprungbrett für die Phantasie anbietet: süße Früchte, Chilischärfe, Rum und/oder ein Hauch Vanille.

VIELERLEI KRUSTENTIERE lassen sich auf diese Weise zubereiten. Man brate beispielsweise Langustinos, lösche den Bratensatz mit einem Schuss vom alten Rum ab und schmurgle dann in diesem Saft fein gehackte Zwiebeln und Mango- oder Passionsfruchtstückchen (mit reichlich Knoblauch und Tabasco abzuschmecken). Man brate in Würfel geschnittene Zucchini und Zuckermelonen, würze heftig mit Cayennepfeffer oder Tabasco und gieße Kokosnussmilch und Limettensaft zu. Oder man greife sich einen Hummer (halbiert), brate ihn auf karibischer, nämlich größter Hitze, beträufele mit reichlich Erdnussöl und bestreue mit Chili, grob gemahlenem schwarzem Pfeffer und – kurz vor dem Fertigwerden – mit reichlich Kokosflocken. (Hinweis zur Gardauer, weil sie gern zu lang bemessen wird: Ein Hummer von 1 kg Gewicht braucht bei 250 °C etwa 20 Minuten.) Dazu Salat mit Orangen-Limetten-Dressing servieren und Zydeco (falls auch eine passende musikalische Begleitung gewünscht wird).

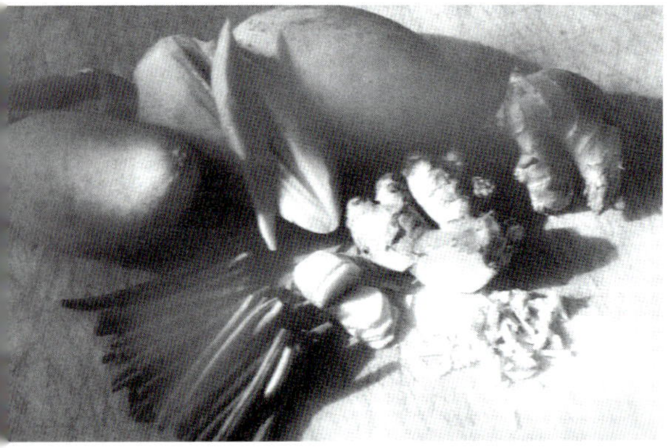

Fernost zum Fisch
Die Fusion aus Früchten und Gemüse
passt auch zum Fisch. Die fernost-aromatische Belebung kommt von Soja und Ingwer, der spezielle Kick vom Zusammenspiel gegensätzlicher Konsistenzen: dem vollreifen, leicht angegarten Obst und knackigem Gemüse oder Sprossen.

Grapefruitsauce

Für einen Hauch von Südsee-Feeling

Und ihr Geheimnis ist die Duftigkeit. Zurückhaltung ist geboten! Kräftige Würze, intensives Einkochen, die Ergänzung mit markanten Zutaten wie Olivenöl würde die Performance der zartblumigen Grapefruitaromen nur verringern. Am meisten Freude macht dieses Sößchen auch in Verbindungen voll milder Eleganz. Man denke nur an sanft gebratene Seezunge mit Minzspinat, an dünn geschnittene Medaillons vom Seeteufel, mit Zitronenthymian gedämpft, an einen in Butter gebratenen Saibling mit Spargel als Beilage. Und immer weiter so.

Heilbutt mit Grapefruitsauce und Pak Choi

Zutaten für 4 Portionen
Zubereitungsdauer ca. 1/2 Std.

600 g Heilbuttfilet
1 Knoblauchzehe
2 Stauden Pak Choi
Minze
1/4 l Grapefruitsaft
Hühnerbrühe
Tapiokamehl
Butter
Zucker
Pfeffer
Salz

1 Einen gehäuften EL Zucker mit ein wenig Wasser erhitzen, bis der Zucker karamellisiert. Grapefruitsaft zugießen und so lang kochen, bis die Flüssigkeit auf die Hälfte der ursprünglichen Menge reduziert ist. 3 EL Butter einmixen und die Sauce durch ein Sieb streichen.
2 Knoblauch abziehen und blättrig schneiden, in 1 EL Butter anschwitzen.
3 Vom Pak Choi den Stielansatz wegschneiden, sodass die Blätter lose sind. In die heiße Butter geben, mit einem kleinen Schuss Hühnerbrühe untergießen, 1 Msp. Tapiokamehl einrühren (das bewirkt eine Bindung, ohne dass der Saft dabei trüb werden würde). Pak Choi salzen und zugedeckt 2 Minuten dämpfen.
4 Fisch in 4 Stücke schneiden, salzen und mit Pfeffer würzen. Auf einen Dämpfeinsatz legen und über Wasserdampf garen, bis die Filets auf Fingerdruck mit mäßiger Festigkeit reagieren.
5 Pak Choi und Fisch auf Teller geben, mit heißer Sauce umgießen und beträufeln und mit Minze bestreut servieren.

Gedämpfter Lachs mit Granatapfelsaft

Zutaten für 4 Portionen
Zubereitungsdauer ca. 20 Min.

4 Stück vom Lachsfilet
(à 150 g; mit Haut)
1 Granatapfel
je 60 ml Apfelsaft,
Cassis und Rotwein
Speisestärke
Tabasco oder Wasabi
Minze
grüner Pfeffer
Salz

1 Granatapfelkerne aus den Trennhäuten lösen und mit Apfelsaft, Cassis und Rotwein 10 Minuten leise kochen lassen. Flüssigkeit durch ein Sieb seihen. Etwas Speisestärke mit wenig Wasser glatt rühren und so viel davon einrühren, dass sich eine leichte Bindung ergibt. Mit Tabasco oder Wasabi lebhaft abschmecken.
2 Lachs salzen. Einige Minzblätter auf einen Dämpfeinsatz legen und ein wenig grünen Pfeffer darauf verteilen. Fisch mit der Hautseite nach oben auf Minze und Pfeffer legen und über Wasserdampf garen, bis die Filets auf Fingerdruck mit mäßiger Festigkeit reagieren.
3 Granatapfelsaft auf 4 Teller verteilen, Fisch in den Saft setzen und eventuell mit Minze und grünem Pfeffer garnieren.

Gebratener Lachs mit Apfelradicchio

Zutaten für 4 Portionen
Zubereitungsdauer ca. 25 Min.

4 Stücke vom Lachsfilet
(à 150 g; mit Haut)
1 großer Radicchio Trevigiano*
1 Apfel
2 Knoblauchzehen
2 EL Butter
Olivenöl
Apfelessig
Zucker
schwarzer Pfeffer
Salz

1 Salat klein schneiden. Knoblauch schälen und feinblättrig schneiden. Apfel vom Kerngehäuse befreien und in feine Blätter schneiden.
2 Knoblauch in 2 EL erhitzter Butter anschwitzen. 1 TL Zucker einrühren und bis zur leichten Färbung erhitzen. Radicchio zugeben und schwenken. Apfelspalten kurz mitbraten, mit einem kräftigen Schuss Apfelessig ablöschen.
3 Lachsfilet salzen und mit Pfeffer würzen. Auf der Hautseite in Olivenöl bei starker Hitze anbraten, wenden und im Backofen bei 250 °C fertig braten. Das dauert knapp 2 Minuten.
4 Lachs auf Apfelradicchio anrichten.

* Die Sorte ist wichtig, weil nur die längliche Art des Radicchio die für dieses Gericht wünschenswerten kräftigen Blattrippen hat; bei Verwendung von rundem Radicchiosalat würden die Blätter beim Braten zu weich werden.

Auf die karibische Art

Der kreolische Grundakkord

Die Kombination von Rum, Vanille, süßen Früchten und einem gewissen Maß an Chilischärfe ist eine bewährte Ergänzung zu Fischen und Krustentieren. Die Zubereitungsart der Meeresfrüchte darf angesichts der wuchtigen Aromen durchaus rustikal sein: Der Röstgeschmack, der sich beim Braten von Krustentieren entwickelt, ist der Sache nur zuträglich. Ein gutes Beispiel: Gegrillter Hummer mit Ananas-Chutney. Für das Chutney kleinwürfelig geschnittene Ananas in Essig marinieren. Essig abgießen. Ananas mit halb Rohrzucker, halb Gelierzucker (gesamt etwa im selben Gewicht wie die Frucht), Vanille, Sternanis, Chili und schwarzen Pfefferkörnern weich kochen.

Langustinos mit Melonen-Mischgemüse, Gnocchi und Paprikasauce

Zutaten für 4 Portionen
Zubereitungsdauer ca. 3/4 Std.

12 Langustinos
1 kl. Vanilleschote
Rum
Olivenöl
Zitronensaft

Für die Gnocchi
Ca. 300 g Kartoffeln
60–80 g griffiges Mehl (oder Spezialmehl für Hefe- und Nudelteige)
Reismehl

Für die Paprikasauce
1 rote Paprikaschote
1 kl. Zucchino
1/3 Honigmelone
Passionsfruchtsaft oder Orangensaft
Olivenöl
Cayennepfeffer
Zucker
Salz

1 Für die Gnocchi Kartoffeln kochen, schälen und noch warm durch eine Presse drücken. Mit so viel Mehl verkneten, dass ein weicher Teig entsteht. Teig auf einer mit Reismehl bestreuten Fläche zu Rollen formen und in Stückchen schneiden; das Reismehl bindet Feuchtigkeit und macht daher die Gnocchi flaumiger.
2 Gnocchi in kochendes Salzwasser legen und kochen, bis sie an die Oberfläche steigen. Gnocchi abseihen und in kaltes Wasser geben.
3 Für die Sauce Paprikaschote putzen und klein schneiden. Mit Wasser bedeckt unter Zugabe von 2 TL Zucker und Salz ca. 10 Minuten kochen. So viel Cayennepfeffer einrühren, dass eine lebhafte Schärfe spürbar wird. Einen Schuss Olivenöl zugeben und alles zu einer sämigen Sauce mixen.
4 Zucchino in kleine Würfel schneiden. Melone schälen, entkernen und ebenfalls würfeln. Beides in Olivenöl anschwitzen, salzen und mit einem Schuss Passionsfruchtsaft oder Orangensaft aufgießen.
5 Langustinos aus den Krusten brechen, putzen, in Olivenöl auf allen Seiten scharf anbraten. Dabei eine Vanilleschote in die Pfanne geben. Mit einem Schuss Rum ablöschen. Langustinos zugedeckt eine halbe Minute ziehen lassen und mit Zitronensaft beträufeln.
6 Gnocchi in heißer Paprikasauce schwenken. Mit Gemüse anrichten und die Langustinos darauf setzen.

Wolfsbarsch mit Mango und Frühlingszwiebeln

Zutaten für 4 Portionen
Zubereitungsdauer ca. 20 Min.

4 Filets vom Wolfsbarsch (à 150 g)
2 Bund Frühlingszwiebeln
1 Mango
2 Knoblauchzehen
Saft von einer Grapefruit
Worchestershiresauce
Tabasco
Olivenöl
Butter
Salz

1 Frühlingszwiebeln putzen, in 5 cm lange Stücke schneiden, in gesalzenem Wasser blanchieren, kalt abschrecken. Mango schälen, Fruchtfleisch in Würfel schneiden.
2 Knoblauch abziehen und feinblättrig schneiden. Knoblauch in 1/2 EL Butter und 5 EL Olivenöl anschwitzen, wenig salzen. Mango darin schwenken.
3 Wolfsbarschfilets salzen, mit der Haut nach oben auf einen Dämpfeinsatz legen oder in den Dämpfer geben. Über Wasserdampf garen, bis die Filets auf Fingerdruck mit mäßiger Festigkeit reagieren.
4 Grapefruitsaft mit 4 EL Olivenöl, einigen Spritzern Worchestershiresauce und einem Spritzer Tabasco vermischen.
5 Fisch und Frühlingszwiebel-Mango-Mischung auf Teller geben und mit der Marinade reichlich beträufeln.

Scholle mit Limettensaft und Fenchel

Zutaten für 4 Portionen
Zubereitungsdauer ca. 30 Min.

Filets von 4 Schollen (ohne Haut)
Weißwein (z. B. Traminer oder Muskateller)
Kräuter (z. B. Zitronenthymian, Zitronenkraut, Zitronenmelisse)
Butter
Pfeffer
Salz

Für die Sauce
4 Limetten
Butter
Zucker

Für das Fenchelpüree
1 Knolle Fenchel
1 Knoblauchzehe
Milch
Sahne
Kartoffelpüreepulver
Pfeffer
Salz

1 Zuerst den Fenchel zubereiten: Fenchel klein schneiden, mit so viel Milch und Sahne zu gleichen Teilen begießen, dass er bedeckt ist. Knoblauch abziehen und zugeben, Fenchel ca. 20 Minuten weich kochen. 2 EL Kartoffelpüreepulver zugeben, Fenchel cremig mixen. Mit Salz und Pfeffer abschmecken.
2 Für die Sauce 1 EL Zucker mit ein wenig Wasser bis zum Karamellisieren erhitzen. Limettensaft zugießen, kurz kochen lassen. 1 EL Butter einmixen.
3 Eine Pfanne mit Butter ausstreichen und je einen kleinen Schuss Weißwein und Wasser zugießen. Fisch einlegen, ein klein wenig salzen und mäßig mit Pfeffer bestreuen. Mit Kräutern bestreuen. Pfanne zudecken und auf den Herd stellen, Fisch einige Minuten dämpfen.
4 Püree auf 4 Teller streichen. Schollenfilets auf die Teller heben, mit Sauce überziehen und mit gehacktem Fenchelgrün bestreuen

Seeteufel mit Orangeat, Kapern und Fenchel

Zutaten für 4 Portionen
Zubereitungsdauer ca. 40 Min.

1 Stück vom Seeteufel
(1 kg, enthäutet
und gesäubert)
1/2 Knolle Fenchel
Knoblauch
Rosmarin
2 EL Orangeat
1 EL Kapern
Balsamico-Essig
Olivenöl
Pfeffer
Salz

1 Fisch entlang des Rückenknorpels einritzen, damit sich das Fleisch beim Braten nicht verzieht. Salzen, mit Pfeffer würzen und rundum in Olivenöl anbraten. Einen Zweig Rosmarin und einige Knoblauchzehen zugeben, mit Orangeat bestreuen.
2 Fenchel in ca. 1cm dicke Scheiben schneiden und zum Fisch in die Pfanne geben. Bei 200°C ca. 20 Minuten braten. Garprobe: Fisch weiter einritzen und optisch prüfen, wie weit der Garprozess fortgeschritten ist; der Seeteufel ist ausreichend gegart, wenn er innen nur noch leicht glasig wirkt.
3 Kurz vor Ende der Garzeit einige Kapern auf den Fisch geben und einen Schuss Balsamico-Essig zugießen.
4 Fisch tranchieren. Mit Saft, Kapern, Orangeat und Fenchel auf Teller geben.

Dazu passt auf die gute französische Art
Knoblauchmayonnaise

1 Ei, 1/2 EL Dijonsenf, 2 gepresste Knoblauchzehen, einen Spritzer Essig, Tabasco und Salz mit Maiskeimöl zur Mayonnaise mixen. Einen Schuss heißes Wasser einmixen, das macht die Mayonnaise flaumiger und lässt sie hübsch schäumen.

Zur Variation mit kandierten Früchten
Exotische Aromen, bissfest
Natürlich kann man Zitrusfruchtgeschmack auch durch Verwendung von Säften in die Gerichte bringen, kandierte Schalen können aber etwas Spezielles. Sie verteilen ihr Aroma nicht, sie liefern punktuelle und gelegentlich auch überraschende Geschmacksakzente. Kandierte Mandarinenschalen sind übrigens weicher als Orangeat und deshalb attraktiver, wenn mit Fisch gekocht wird. Kandierter Ingwer hat vor allem dann Sinn, wenn andere Zutaten zur lebhaften Schärfe dieser Wurzel eine balancierende Duftigkeit liefern – Basmatireis beispielsweise oder Kokosmilch.

Seeteufel mit Orangeat, Kapern und Fenchel

– Rezept auf Seite 39 –

Miesmuscheln im Ananassud

Zutaten für 4 Portionen
Zubereitungsdauer ca. 25 Min.

2 kg Miesmuscheln
2 Scheiben von einer frischen Ananas
6 Knoblauchzehen
Zitronengras oder Zitronenthymian
1/8 l Olivenöl
1/2 l Weißwein

1 Knoblauch abziehen und in feine Blätter schneiden. Ananas würfeln.
2 In einem großen Topf Olivenöl mit Knoblauch und einem Stück Zitronengras oder ein wenig Zitronenthymian erhitzen.
3 Muscheln auf Frische kontrollieren und bereits geöffnete Exemplare entfernen. Muscheln und Ananas in den Topf geben, mit Wein aufgießen und einmal kurz durchschütteln. Die Miesmuscheln zugedeckt so lange garen, bis sie sich geöffnet haben.

Variation Ananasmuscheln »auf die feine Art«

Muscheln aus den Schalen lösen. Muschelsaft durch ein Sieb gießen, etwas einkochen und mit 1 EL Crème fraîche und 2 EL Butter binden. Eine Tasse Polenta mit 2 Tassen Wasser zu einem dicken Brei kochen, mit Salz und Pfeffer abschmecken. Muscheln in die Sauce legen und kurz erwärmen. Polenta auf Teller geben. Muscheln und Sauce daneben anrichten und mit Zitronenthymian und kleinen Ananasstücken bestreuen.

So wird die Ananas für den Muschelsud vorbereitet

Reife Früchte zu pikanten Muscheln

Das Spiel mit dem Geschmack vom Meer

Mit seinem Salz und Meeresduft harmoniert der Saft der Muscheln wunderbar mit den üppigen Aromen reifer Früchte. Mangos, Papayas, Passionsfrüchte, Avocados oder vollreife Ananas eignen sich vorzüglich, und die entsprechenden Kochideen reichen von Austern mit kalter Papayasauce bis Miesmuscheln mit Avocadopüree.

Jakobsmuschel-Auflauf mit Avocado

Zutaten für 8 Portionen
Zubereitungsdauer ca. 1 Std.

20 Jakobsmuscheln
200 g Forellenfilet (ohne Haut)
Saft von 2 Orangen
1 Avocado
Kresse
1 Ei
200 g Sahne
Butter
Olivenöl
Curry
Cayennepfeffer
Salz

1 Muscheln putzen: Eine schlanke Messerklinge zwischen die Schalen führen und die Muscheln öffnen. Muskelansatz und Corail (das sind die rosafarbenen Hörnchen) von den Medaillons schneiden.
2 Forellenfilet klein schneiden, gut kühlen. Mit gekühlter Sahne, Corail, einem Ei, Cayennepfeffer und Salz im Cutter zu einer lockeren Farce aufschlagen. Sollte die Masse fest sein, weitere Sahne einarbeiten.
3 Souffléförmchen mit weicher Butter ausstreichen. Masse in die Förmchen füllen, im Wasserbad im Backofen bei 200 °C ca. 15 Minuten pochieren.
4 Orangensaft mit Salz, Cayennepfeffer und Curry verrühren.
5 Avocados schälen, mit dem Gemüseschäler dünnblättrig schneiden.
6 Jakobsmuschel-Medaillons flach durchschneiden. Avocadoscheiben und Muscheln im Orangensaft marinieren.
7 Avocados auf Teller geben, mit Olivenöl beträufeln und mit Kresse bestreuen. Aufläufe daneben auf die Teller stürzen. Jakobsmuschel-Medaillons dazugeben.

Als fruchtige Ergänzung

dieser Aufläufe passen auch Spalten von Mangos, Grapefruits, Passionsfrüchte und die entsprechenden Säfte

4 HELLES FLEISCH & GARTENKRÄUTER

Kochen auf die sanfte Tour

Was sich zum Fressen gern hat, passt häufig gut zusammen. Auch wenn das Fressende in den wenigsten Fällen den Geschmack des Gefressenen tatsächlich annimmt, wie man es zum Beispiel dem Pré-Salé-Lamm von den französischen Atlantikküsten nachsagt, das nach den salzigen Kräutern seiner Weiden schmecken soll. Nur Illusion. Und genauso wenig schmeckt das Iberische Waldschwein nach den Eicheln, die es so gern und häufig frisst. Erfreulicherweise. Wer mag schon Eicheln?

Aber die Vorstellung eines Häschens im Garten, Huhns auf der Frühlingswiese oder Kalbs auf der Kräuterweide inspiriert zu jeder Menge Kochideen mit hellem Fleisch und Kräutern. Von den Garmethoden wählt man dabei die schonendsten, denn helles Fleisch wird unverzüglich spröde und trocken, wenn es mit zu viel Hitze konfrontiert wird. Also dämpfen oder schonend in Butter oder allenfalls in einer Öl-Butter-Mischung behutsam braten. Das passt auch gut zu den Kräutern, von denen die meisten ihren ganzen Charme verlieren, wenn sie scharf oder lange gebraten werden.

Den vollen Kräutergeschmack kann man sich auf Vorrat legen, in Form von Kräuterbutter und Pesto in Variationen. Für die KRÄUTERBUTTER 1/4 kg Butter cremig rühren, am einfachsten im Cutter einer Küchenmaschine. Von einem Bund gemischten Kräutern die harten und dicken Stängel wegzupfen, Kräuter zur Butter geben und weiter bearbeiten, bis die Butter durchgehend grün ist. Mit Zitronensaft, schwarzem Pfeffer und Cayennepfeffer würzen.

Vielfältigst sind die Anwendungsideen für diese Butter. Man kann etwa Kalbfleisch damit bestreichen und dämpfen und gebratene Frühlingszwiebeln dazu servieren. Hühnerflügel mit ein paar Löffeln Kräuterbutter braten. Oder die Kräuterbutter nach Art des HUHN KIEW verwenden: Eine Hühnerbrust so aufschneiden, dass eine Tasche entsteht. Scheiben von eiskalter Kräuterbutter in das Fleisch legen. Hühnerbrust wie Schnitzel panieren und backen. Beim Anschneiden fließt die geschmolzene Butter aus dem Hühnchen und verbreitet einen kolossalen Kräuterduft. Für KRÄUTERPASTE nach „Pesto-Art" gibt es eine Vielzahl interessanter Ausfertigungen.

Die Kräuterbutter für Kalbfleisch bis Hühnerflügerl

Die mediterrane: Basilikum, Rosmarin, Minze und Oregano mit Olivenöl, Zitronensaft, geriebener Zitronen- und Orangenschale und einem Hauch von Chili im Mörser stampfen oder in der Küchenmaschine verarbeiten.
Die „innerkontinentale" Variante: Petersilie, Schnittlauch, Kerbel und Sauerampfer mit Maiskeimöl mixen oder stampfen. Mit Salz, Pfeffer und Knoblauch abschmecken. Auch ein Spritzer Sardellenpaste passt dazu.
Die „Herbes-de-Provence-Ausfertigung" mit Thymian, Majoran, Basilikum, Rosmarin, Fenchel, Lavendelblüten und Olivenöl. Was man damit stilgerecht anfangen könnte? Ein Bressehuhn innen und außen salzen, pfeffern und großzügig mit Butter einstreichen. Mit Knoblauch, Rosmarin und Thymian in den Backofen schieben und bei 200 °C braten. Nach 50 Minuten mit der Kräuterpaste einstreichen und noch 5 Minuten braten. Die dazu passenden Kartoffeln entstehen auf einer anderen Etage im Backofen: Geschälte kleine Kartoffeln mit Olivenöl, Salz, Pfeffer und schwarzen Oliven in eine Pfanne geben und wie das Hühnchen braten. Sie sollten etwa zum gleichen Zeitpunkt fertig werden. Immer wieder mal probieren!

Hühnersulz mit Kräutertopfen und marinierten Kräutern

Zutaten für 4 Portionen
Zubereitungsdauer ca. 70 Min.

3 Hühnerbrustfilets (ca. 300 g)
1 Knolle Fenchel
Hühnerbrühe
30 g Blattgelatine
Salz

Für den Kräutertopfen
3 EL Topfen (Quark, 20 % F. i. Tr.)
1 EL Ricotta
1 unbehandelte Zitrone
getrockneter Oregano
Cayennepfeffer
Olivenöl
Pfeffer
Salz

Für die marinierten Kräuter
50 g Kräuter (Kerbel, Minze, Basilikum, Petersilie ...)
Olivenöl
Weißweinessig
Salz

1 Fenchel halbieren, in leicht gesalzenem Wasser in ca. 35 Minuten weich kochen. Fenchel aus dem Kochwasser heben und in eiskaltes Wasser legen.
2 Brühe aufkochen. Fleisch einlegen und knapp unter dem Siedepunkt gar ziehen lassen (dauert ca. 8 Minuten). Fleisch aus der Brühe heben, in eiskaltes Wasser legen und abkühlen lassen. Fleisch längs der Faser in fingerdicke Streifen schneiden.
3 Fenchel längs der Faser in fingerdicke Scheiben schneiden. 1/4 l vom Fenchelfond und 1/4 l von der Hühnerbrühe erwärmen, Gelatine darin auflösen.
4 Eine Terrinenform schichtweise mit Hühner- und Fenchelstücken auslegen und mit Gelee ausgießen. Kühlen, bis das Gelee gestockt ist.
5 Für den Kräutertopfen alle Zutaten nur leicht vermengen; der Topfen wirkt am attraktivsten, wenn das Öl in Schlieren sichtbar bleibt. Von der Zitrone nur ein wenig abgeriebene Schale und ein paar Spritzer Saft verwenden.
6 Kräuter waschen, putzen und trocken tupfen. Mit 3 EL Olivenöl, 1 EL Essig und einer Prise Salz marinieren.
7 Sülze in Stücke schneiden. Mit Topfen und Kräutern auf Teller geben.

Eingelegtes Kaninchen mit Kräutern

Zutaten für 4 Portionen
Zubereitungsdauer ca. 3/4 Std.

500 g ausgelöste Kaninchenrücken

Für die Marinade
1/4 l Olivenöl
1 EL Dijonsenf
1/4 l Gewürztraminer
4 Spritzer Tabasco
1 Msp. Safranfäden
1 Sternanis
1 Zweig Rosmarin
1 EL Honig
Pfeffer
Salz

1 Kaninchenrücken in ein Schraubglas, eine Plastikdose oder in ein anderes dicht verschließbares Gefäß legen.
2 Für die Marinade alle Zutaten aufkochen, kochend über die Kaninchenrücken gießen, Gefäß verschließen. Nach 30 Minuten Gefäß auf den Deckel stellen, damit das Fleisch auf allen Seiten mit Marinade überzogen wird. Nach dem Abkühlen in den Kühlschrank stellen und einen Tag oder mehr marinieren lassen.
3 Mit marinierten Kräutern und Sauce nach Wahl anrichten.

Die passenden Kräuter

Herb-würzige Kräuter wie Sauerampfer, Kerbel, Schnittlauch, Liebstöckel, Kresse, aber auch Spinatblätter und Schlüsselblumenblüten passen zu diesem Kaninchen. Mit Erdnussöl, Balsamico-Essig, Salz und Pfeffer marinieren.

Die Saucen dazu

Eine Eiersauce
1 Ei hart kochen. Eigelb mit einem Schuss Aquavit oder Gin, 2 EL Sauerrahm bzw. saurer Sahne, Salz, Tabasco, 1 Msp. Kurkuma und fein geschnittenem Kerbel mixen.

Und noch eine Eiersauce
1 Ei hart kochen. Ei hacken, mit 2 EL Olivenöl sowie dem Saft von einer Zitrone, Salz und Pfeffer verrühren.

Ein Pesto
Zum Beispiel vom Bärlauch (auf die gleiche Art funktioniert es mit Petersilie, Kerbel oder Kresse): 50 g Bärlauch klein schneiden, mit 1/8 l Olivenöl und 3 EL Pinienkernen mixen. 1 EL fein geriebenen Parmesan einrühren.

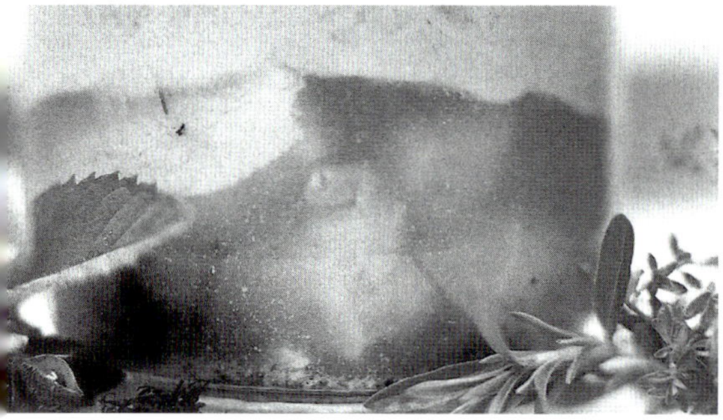

Kurze Garzeit, langer Abgang
Das Wunder der Geschmacksverdichtung
Das eingelegte Kaninchen im Rezept oben verbleibt gut 24 Stunden in der Marinade und verbindet sich so in optimaler Weise mit dem Geschmack von Kräutern und Gewürzen. Übrigens: Keine Angst vor der minimalen Garzeit! Das Übergießen mit der kochend heißen Olivenöl-Mischung genügt völlig für den zarten Kaninchenrücken.

Aroma auf Vorrat

Die Kraft der Kräuter, konserviert

Kräuteröl für hier und die nächsten Seiten: Beliebige Kräuter waschen, gut abtropfen lassen und reichlich davon in ein Glas geben. Mit erwärmtem Öl von bester Qualität, aber ohne markanten Eigengeschmack, beispielsweise mit hochwertigem Maiskeimöl, übergießen. Im verschlossenen Glas gekühlt einige Wochen ziehen lassen. Danach die Kräuter abseihen. Eine wunderbare Zutat statt Sauce für Kräutersalate und für helles Fleisch.

Kalbfleischstrudel mit Feldsalatsauce

Zutaten für 4 Portionen
Zubereitungsdauer ca. 1 Std.

400 g Kalbfleisch (von Brust, Schulter oder Schlegel)
50 g schwarze Trüffel
getrocknete Kräuter wie Salbei, Majoran oder Rosmarin
1 kl. Stange Lauch
1 Zwiebel
1 Knoblauchzehe
Sojasauce
1 Semmel (Brötchen)
2 Blätter Strudelteig (selbst gemacht oder aus dem Kühlregal)
1 Ei
Sahne
Butter
Pfeffer
Salz

Für die Sauce
40 g Feldsalat
2 EL Sauerrahm (saure Sahne)
2 EL Joghurt
1 TL Wasabi
1 EL Weißweinessig
Salz

Für den Salat
100 g Feldsalat
Balsamico-Essig
Erdnussöl
Salz

1 Semmel in Würfel schneiden und mit so viel Sahne begießen, dass die Semmelwürfel leicht durchfeuchtet werden.
2 Fleisch in Würfel schneiden. Zwiebel und Knoblauch abziehen, fein schneiden und in 2 EL Butter anschwitzen. Zwiebel, Knoblauch, Fleisch, Kräuter, einen Schuss Sojasauce und Semmelwürfel vermischen und durch den Fleischwolf drehen. Ei einrühren. Masse mit Salz und Pfeffer abschmecken.
3 Lauch putzen und klein schneiden. In Salzwasser blanchieren, in eiskaltem Wasser abschrecken und abtropfen lassen.
4 Trüffel in Stifte oder dünne Scheiben schneiden.
5 Strudelteig in 8 Quadrate von ca. 13 cm Seitenlänge schneiden und mit geschmolzener Butter bestreichen.
6 Fülle zu 8 kleinfingerdicken Laibchen formen und auf die Mitte der Teigstücke legen. Lauch und Trüffel darauf geben. Teig von zwei Seiten über die Fülle schlagen, mit geschmolzener Butter bestreichen und den restlichen Teig darüberfalten. Nochmals mit Butter bestreichen, auf ein gebuttertes Backblech setzen und im Backofen bei 220 °C ca. 10 Minuten backen.
7 Für die Sauce Feldsalat putzen und mit den restlichen Zutaten sowie 60 ml kaltem Wasser mixen.
8 Für den Salat aus 2 EL Essig, 4 EL Öl und Salz eine Marinade rühren. Geputzten Feldsalat durch diese Marinade ziehen. Strudel mit Sauce anrichten. Salat dazu servieren.

Gedämpfter Kalbsrücken mit Spinatpaste und Ei

>

Zutaten für 4 Portionen
Zubereitungsdauer ca. 40 Min.

600 g Kalbsrücken
(ausgelöst und geputzt)
Erdnussöl
Kräuter
schwarze Pfefferkörner
Salz

Für die Spinatpaste
150 g Blattspinat
50 g Sardellen
1/2 EL geriebene Mandeln
Olivenöl

Für die pochierten Eier
4 Eier
Essig

Für die Sauce
250 g Sahne
20 g Parmesan
evtl. weiße Trüffel
Salz

1 Zuerst die Spinatpaste zubereiten: Spinat putzen und in gut gesalzenem Wasser blanchieren. In eiskaltem Wasser abschrecken.
2 Spinat aus dem Wasser heben und abtropfen lassen. Gemeinsam mit den Sardellen, einem Schuss Olivenöl und den Mandeln mit dem Stabmixer zu einer Paste mixen. Falls die Masse zu fest ist, ein wenig vom Spinatwasser einmixen.
3 Für die Eier reichlich Wasser mit einem kräftigen Schuss Essig aufkochen. Eier in Tassen schlagen und ins Wasser gleiten lassen. Unter dem Siedepunkt ca. 3 Minuten pochieren, dabei am besten mit einem Löffel in eine ebenmäßige Form drücken. Eier aus dem Sud heben und auf Küchenkrepp abtropfen lassen.
4 Fleisch in 8 Scheiben schneiden, mit Erdnussöl einstreichen, mit gemahlenem Pfeffer bestreuen. Zugedeckt über Wasserdampf garen, bis das Fleisch nur noch im Kern rosa ist. Das dauert ca. 3 Minuten.
5 Für die Sauce Sahne aufkochen, ein wenig salzen und 1 EL geriebenen Parmesan einmixen, gegebenenfalls auch ein wenig von der weißen Trüffel. Die Sauce schaumig aufschlagen.
6 Fleisch salzen und auf Teller geben. Spinatpaste und Ei aufs Fleisch legen. Sauce rundherum ziehen, alles mit Kräutern bestreuen.

Kräutermus mit geräuchertem Putenschinken

Zutaten für 6 Portionen
Zubereitungsdauer ca. 40 Min.

200 g fein geschnittener
geräucherter Putenschinken
60 g frische Kräuter wie
Kerbel, Petersilie, Basilikum
oder Spinat
Krenpaste (Meerrettichpaste)
250 g Sahne
6 g Blattgelatine
Salz

Für das Basilikumöl
200 ml bestes Olivenöl
100 g Basilikum
4 Knoblauchzehen
evtl. 1 Holunderblüte

1 Für das Kräuteröl Basilikum, abgezogenen Knoblauch und eventuell eine Holunderblüte in ein Glas geben. Olivenöl leicht erwärmen und über die Kräuter gießen. An einem hellen Ort mindestens eine Woche ziehen lassen. Öl abseihen.
2 Ein Kräuterpüree zubereiten: Kräuter in gesalzenem Wasser blanchieren, aus dem Wasser heben und sofort in eiskaltes Wasser legen. Kräuter mit 1/8 l von dem ausgekühlten Blanchierwasser und 1 EL Krenpaste zu einer Creme pürieren.
3 Gelatine in Wasser einweichen. Sahne mit einer Prise Salz steif schlagen. Sahne mit dem Kräuterpüree gut und schnell vermischen. Gelatine ausdrücken und mit ein wenig Wasser erwärmen, bis sie aufgelöst ist. Gelatine flott in die Kräutersahne rühren.
4 Acht Förmchen (z. B. Mokkatassen) mit jeweils einem kleinen Sauerampfer-, Basilikum- oder Spinatblatt auslegen. Mus in die Förmchen füllen und einige Stunden kühlen.
5 Mus aus den Formen lösen und auf Teller setzen. Mit Putenschinken garnieren und mit Basilikumöl beträufeln. Mit Kräutern dekorieren.

5 FISCH & SAUERKRAUT

A la Rollmops

Sieben Milliarden können nicht täuschen. Vielleicht sind es auch nicht ganz so viele Rollmöpse oder ein paar mehr, die die kulinarische Menschheitsgeschichte hervorgebracht hat, jedenfalls bedürfte es keines einzigen weiteren, um die Harmonie von Fisch und Sauerkraut glaubhaft darzustellen. An bewährten Gefügen wie dem gerollten Hering mit dem Kraut wird der kluge Koch (man nehme dieses Wort hier und fortan als geschlechtsneutral) auch nicht herumtun oder gar die Industrie übertreffen wollen. Aber mit anderen Fischen und modifiziertem Kraut ließe sich die Grundidee vorzüglich fortentwickeln.

Man nehme fette Fische. Die sind wegen ihrer Fette nicht nur gesund, sondern auch gut geeignet für das MARINIEREN oder Beizen. Man mische Zucker und Salz im Verhältnis 2:1 und reibe die Filets von Lachs oder Lachsforelle, Forelle oder Saibling beidseitig und reichlich damit ein. Zuvor könnte man sie noch mit ein wenig süßem Senf einstreichen und mit Kräutern wie Estragon, Dill, Schnittlauch, Kerbel oder Minze bestreuen. Dann im dicht schließenden Behältnis ziehen lassen. Nach einem halben Tag bei kleinen Fischen, nach zwei bis vier Tagen bei wirklich großen schabt man die ganze Mischung sauber ab und widmet seine Gedanken fortan einer passenden Begleitung. Zum Beispiel dieser: Sauerkraut mit einem kräftigen Schuss schmackhaftem Wein wie Sauvignon blanc oder Gewürztraminer untergießen, so lang köcheln, bis die Flüssigkeit fast verdampft ist. Nun könnte man das Kraut mit einem gebeizten Fischfilet umwickeln und derart einen gerollten „Mops“ erzeugen. Unter Vermeidung aller vermeidbaren Handgriffe und ganz auf den kulinarischen Endzweck ausgerichtet würde man das Rollen aber eher unterlassen und die Fischfilets – gebeizt oder auch ohne Vorbehandlung – aufs fast schon ausreichend gegarte Kraut legen, mit ein wenig Sahne beträufeln, einen Deckel auf den Topf geben und warten, bis es beim Öffnen des Deckels kräftig dampft. Das wäre alles, aber noch variierbar.

Ein anderes Kraut, das man mit Zwiebel und Knoblauch anschwitzt, mit Paprikapulver und Kümmel würzt, mit Zucker und Essig lebhaft abschmeckt und derart in die magyarisch-balkanesische Richtung steuert, verlangt gewissermaßen nach den Fischen dieser Breiten, vor allem dem Zander alias Fogosch, Aal, Hecht oder Wels.

Womit wir überraschenderweise im Elsass gelandet wären, denn ein solches Fischgericht mit Zander und Kraut wird dort gern als Variation der CHOUCROUTE, des traditionsreichen Krauteintopfs mit Schwein und Würsten, zubereitet. Ein Kurzrezept dafür steht auf Seite 60.

Auf eine „russische Art“ ließe sich das Thema mittels CHAMPAGNERKRAUT und Kaviar variieren: Sauerkraut leicht zuckern, mit Champagner untergießen, eine halbe Flasche für ein halbes Kilo Kraut wäre gerade recht. Einen kräftigen Schuss Sahne zugießen wegen der Molligkeit. Langsam erwärmen und ein wenig ziehen lassen, dass sich die Säfte angenehm verbinden, das wird wohl eine Viertelstunde dauern. Darauf Stör oder Heilbutt legen und bei bedecktem Geschirr gar ziehen lassen. Auf Teller geben und mit Kaviar vollenden, Sorte und Menge wählt man nach Budget. Fein gehackten Schnittlauch könnte man auch darüber streuen, doch das wäre nur noch Dekoration.

Forelle »blau« auf Sauerkraut

Zutaten für 4 Portionen
Zubereitungsdauer ca. 1/2 Std.

Filets von 2 Forellen
1 Karotte
2 Schalotten
Schnittlauch
1 Lorbeerblatt
Weißweinessig
Butter
Cayennepfeffer
Zucker
schwarze Pfefferkörner
Salz

Für das Sauerkraut
250 g Sauerkraut
1 mehlige Kartoffel
Weißwein (Gewürztraminer, Muskateller ...)
Butter

1 Karotte und Schalotten schälen, blättrig schneiden und in einen großen Topf geben. Mit 1/2 l Wasser aufgießen. 3 Pfefferkörner, 1 kleines Lorbeerblatt, einen kräftigen Schuss Essig, 1 EL Zucker und eine kräftige Prise Salz zugeben und aufkochen.
2 Für das Sauerkraut 1 EL Butter erhitzen. Kraut dazugeben. Kartoffel schälen und darüber reiben. Einen Schuss Weißwein zugießen und das Kraut zugedeckt 5 bis 10 Minuten ziehen lassen. 2 EL Butter bis zur Braunfärbung erhitzen und auf das Sauerkraut gießen.
3 Jedes Forellenfilet in 3 Stücke schneiden. Forellenstücke in den Karottenfond legen und zugedeckt unter dem Siedepunkt gar ziehen lassen. Das dauert ca. 7 Minuten.
4 Fisch aus dem Fond heben und auf dem Kraut anrichten. 1/4 l von dem Fond aufkochen, 4 EL Butter einmixen, mit Cayennepfeffer und Salz abschmecken. Auf Fisch und Kraut gießen und mit fein geschnittenem Schnittlauch bestreuen.

< Heringsterrine mit Anissahne

Zutaten für 12 Portionen
Zubereitungsdauer ca. 1 Std.

8 Heringsfilets in Salzlake
200 g Sauerkraut
3 säuerliche Äpfel
125 g Sauerrahm (saure Sahne)
Krenpaste (Meerrettichpaste)
Dijonsenf
Anislikör (Pernod)
Anissamen
Cayennepfeffer

Für das Gelee
1/4 l Hühnerbrühe
12 cl trockener Wermut
2 EL Apfelessig
15 g Blattgelatine
Schnittlauch und/oder Liebstöckel

1 Die Flossen der Heringe wegschneiden. Kerngehäuse der Äpfel ausstechen. Äpfel in fingerdicke Scheiben schneiden und von beiden Seiten in Öl braten, bis sie mürb sind. Auf Küchenkrepp trocken tupfen und in Stücke brechen.
2 Für das Gelee Hühnerbrühe, Wermut und Apfelessig erhitzen, Gelatine darin auflösen. Ein wenig vom Gelee in eine Terrinenform gießen, mit geschnittenem Schnittlauch und/oder Liebstöckel bestreuen, im Kühlschrank leicht gelieren lassen.
3 Schichtweise Sauerkraut, Hering und Bratäpfel in die Form geben, jeweils mit Gelee begießen und auch mit Gelee abschließen. Im Kühlschrank stocken lassen.
4 Sauerrahm, 1 TL Krenpaste, einen Schuss Sauerkrautsaft, einen Schuss Anislikör, Cayennepfeffer und Dijonsenf verrühren. Terrine in Scheiben schneiden, mit der Anissahne anrichten und die Sahne mit Anissamen bestreuen.

Junges Kraut mit Räucherlachs

Zutaten für 4 Portionen
Zubereitungsdauer ca. 20 Min.

200 g Räucherlachs
1/2 Kopf junges Weißkraut
50 g Sauerkraut
3 Knoblauchzehen
Kapern
Rosmarin
Melisse und/oder Minze
1/2 unbehandelte Zitrone
heller Fruchtessig (z. B. Pfirsichessig)
süßer Wein
Tabasco
Butter
Olivenöl
Zucker
schwarzer Pfeffer
Salz

1 Weißkraut in fingerbreite Streifen schneiden. 2 Knoblauchzehen fein schneiden, gemeinsam mit Zucker in einem Schuss Olivenöl mit 1 EL Butter erhitzen. Mit Salz und Pfeffer würzen.
2 Sauerkraut zugeben, Essig und einen Schuss Wein zugießen. Kraut zugedeckt noch 5 Minuten ziehen lassen.
3 Kraut gleichmäßig auf Teller verteilen. Mit Räucherlachs belegen.
4 Kapern hacken (ca. 1 EL voll). Rosmarin und eine Knoblauchzehe klein schneiden. Schale der Zitrone abreiben. Olivenöl leicht erwärmen. Kapern, Rosmarin, Knoblauch und Zitronenschale zugeben, Zitronensaft, Tabasco und Salz einrühren. Marinade auf den Räucherlachs träufeln. Mit Melisse und/oder Minze bestreuen.

Zander-Szegediner

>

Zutaten für 4 Portionen
Zubereitungsdauer ca. 1/2 Std.

500 g Zanderfilet
200 g Sauerkraut
1 mehlige Kartoffel
4 Schalotten
3 Knoblauchzehen
1 Zitrone
1/8 l Weißwein
(am besten Sauvignon blanc)
1/4 l Hühnerbrühe
1 Lorbeerblatt
evtl. Liebstöckel
125 g Sauerrahm (saure Sahne)
Butter
Olivenöl
edelsüßes Paprikapulver
Cayennepfeffer
Zucker
Salz

1 Schalotten und Knoblauch abziehen und klein schneiden. 2 EL Butter mit 1 EL Zucker erhitzen, Schalotten und Knoblauch darin anschwitzen. 3 EL Paprikapulver einrühren, Wein und Brühe zugießen. Eine kräftige Prise Cayennepfeffer und Salz einrühren, 1 Lorbeerblatt und die Schale der Zitrone zugeben.
2 Sauerkraut unterheben. Kartoffel schälen, in das Kraut reiben und einrühren. Kraut zugedeckt ca. 10 Minuten dünsten.
3 Zanderfilets in ca. 4 cm breite Tranchen schneiden, ein klein wenig salzen und mit Olivenöl beträufeln. Fisch mit der Hautseite nach oben auf das Kraut legen. Deckel auf Topf oder Pfanne geben, den Fisch auf dem Kraut dämpfen (dauert je nach Stärke des Filets 6 bis 10 Minuten).
4 Szegediner in tiefe Teller geben. Auf jede Portion 1 EL Sauerrahm geben, eventuell auch mit Liebstöckel bestreuen. Als Beilage passen Kartoffeln.

Über Dampf
Choucroute mit Fisch und Meeresfrüchten
Sauerkraut auf die Art der elsässischen Choucroute kann in vielfältiger Weise variiert werden. Zander oder Aal, Steinbutt oder Krebse, Garnelen oder Muscheln – einfach aufs Kraut legen und zugedeckt dämpfen. Das erfordert gar kein besonderes Feingefühl in der Abstimmung der Garzeiten, denn dem Kraut machen 5 Minuten Garzeit mehr oder weniger nicht viel aus.

Lachsforelle mit Sauerkraut im Meersalz

Zutaten für 4 Portionen
Zubereitungsdauer ca. 3/4 Std.

1 Lachsforelle (ca. 1,2 kg)
150 g Sauerkraut
Dill
Weinblätter, Walnussblätter oder
Blätter vom Weißkraut
Olivenöl
ca. 4 kg grobes Meersalz

Für die Sardellenbutter
125 g Butter
1 EL Sardellenpaste

1 Forelle mit kaltem Wasser abwaschen. Sauerkraut locker zupfen, mit 1 EL Dillspitzen vermischen und in die Bauchhöhle des Fisches füllen.
2 In einen Bräter fingerhoch Meersalz streuen. Salz mit Blättern belegen. Forelle auf die Blätter legen, mit Blättern bedecken und mit Meersalz bestreuen, sodass der Fisch fingerdick bedeckt ist.
3 Bei 220 °C etwa 30 Minuten garen. Bräter aus dem Backofen nehmen, Fisch im Salz noch ca. 10 Minuten ruhen lassen.
4 Zimmerwarme Butter mit der Sardellenpaste verrühren.
5 Das Salz vom Fisch schaben oder abheben, Blätter öffnen. Kraut aus dem Fisch nehmen und auf Teller geben. Haut des Fisches öffnen und zurückschlagen. Filets von den Gräten heben und auf das Kraut legen. Gräten vom Schwanz beginnend abheben, restliche Filets von der Haut abheben. Sardellenbutter auf jeden Teller geben, Fisch mit bestem Olivenöl beträufeln. Dazu passen junge Kartoffeln.

6 PAPRIKA & TOMATEN

Zwischen Puszta und Palermo

Die Natur lässt sie auf den gleichen Böden und im gleichen Klima wachsen und zu den gleichen Zeiten reifen. Die Natur hat es auch so eingerichtet, dass sich das Aromaspiel von Tomaten und Paprika auf idealtypische Weise zusammenfügt. Roh und gekocht, gebraten oder getrocknet, zu Pulver vermahlen und als Mark konzentriert – wie im Gazpacho oder den gefüllten Paprika in Tomatensauce, wie im Gulyas oder in der Chilisauce, wie am Antipasti-Buffet oder als PEPERONI AL POMODORO nach süditalienischer Art. Letztgenanntes ist die vielleicht urwüchsigste Art, Paprika und Tomaten zu verbinden: Kleine, süße Paprika eventuell in Streifen schneiden und gemeinsam mit Knoblauch in viel Olivenöl braten. Gehackte Tomaten dazugeben, etwa zwei Drittel von der Menge der Paprika, weiters Basilikum und Salz. 15 Minuten schmoren. Mit Weißbrot genießen.

Für die schnelle Sommerküche kann man ein paar Paprika-Tomaten-Basics vorbereiten. Für TOMATENRAGOUT Tomaten blanchieren, schälen, entkernen und in Stücke schneiden. Wenn die Tomaten vollreif und aromatisch sind, braucht man nur noch Salz dazugeben, andernfalls könnte man den Geschmack mit Zucker und Zitronensaft nachjustieren. Gehackte Tomaten dieser Art sind die Grundzutat für BRUSCHETTA. Dafür Weißbrot in einer Pfanne mit heißem Olivenöl und Rosmarin braten. Mit Tomatenragout belegen und mit Basilikum bestreuen. Ganz leicht kommen auch Paprika und Chili ins Spiel. Beide fein hacken und mit Tomatenragout vermischen. Die Bruschetta vielleicht noch so vollenden: scheibenweise mit Frischkäse belegen, mit getrocknetem Salbei bestreuen.

In Öl GEKOCHTE PAPRIKA sind ein weiteres Modul für das harmonische Spiel mit Paprika und Tomaten. Am besten gelbe oder rote Paprika entkernen und in Spalten schneiden, gemeinsam mit Knoblauchzehen (diese wenn man will auch ungeschält) und Thymian in Olivenöl anbraten. So viel Olivenöl zugießen, dass die Paprika fast bedeckt sind, bei bedecktem Topf köcheln, bis sich die Paprika leicht anstechen lassen.

PAPRIKAMARK gewinnt man auf nur wenig andere Weise: entkernte Paprikaschoten und einen kleinen Anteil Chilischoten klein schneiden, mit ein wenig Wasser so lang dünsten, bis die Paprika weich sind, und pürieren. Dieses Püree ist noch völlig naturbelassen. Durch die Zugabe von Zucker, Zitronensaft und Salz kann es für den jeweiligen Verwendungszweck abgeschmeckt werden.
Zum Beispiel für Bruschetta mit Tomaten und PAPRIKA-MANDEL-MARK: Paprikamark mit grob geriebenen Mandeln zu einer Paste verrühren und abschmecken. Weißbrot in Olivenöl braten, mit Rucola und Tomatenscheiben belegen, Paprikapaste darauf streichen, mit Basilikum und/oder Minze bestreuen.

Eine einfache und einfach gute TOMATENSAUCE erhält man so: Tomaten hacken. Olivenöl mit ein wenig Zucker erhitzen, mit Balsamico-Essig ablöschen, Tomaten und Rosmarin zugeben und bei bedecktem Topf ca. 20 Minuten köcheln. Rosmarin entfernen, Tomaten durch ein Püriersieb streichen oder durch die gute alte „Flotte Lotte" drehen und mit Salz und Pfeffer abschmecken.

Man braucht diese Sauce zum Beispiel als kleine Beilage für Paprika mit THUNFISCHCREME: Olivenöl mit einer Knoblauchzehe, ein wenig Zucker und einem Zweig Thymian erhitzen. 100 g klein geschnittenes Thunfischfilet, 2 EL Crème fraîche, 1 EL Sauerrahm und 1 EL gehackte Oliven zugeben. Etwa 5 Minuten köcheln, cremig mixen, salzen, pfeffern. Kleine Paprika in Salzwasser weich kochen und auskühlen lassen. Mit der Thunfischcreme füllen. Statt Tomatensauce passt dazu auch Tomatenkompott. Das Rezept dafür befindet sich auf Seite 218.

»Baeckeoffe« vom Lammschlegel

Zutaten für 4 Portionen
Zubereitungsdauer ca. 1 1/4 Std.

400 g Lammschlegel
2 rote Paprikaschoten
15 Kirschtomaten
4 Knoblauchzehen
2 unbehandelte Zitronen
Minze
Liebstöckel
2 Blätter Strudelteig (Fertigprodukt)
1 Ei
Olivenöl
Butter
Mohn
Kümmel
Rosmarin
Pfeffer
Salz

1 Fleisch in 1 bis 2 cm dicke Stücke schneiden.
2 Paprika putzen und in Spalten schneiden. Fleisch und Paprika mit gepresstem Knoblauch, Tomaten, einem kräftigen Schuss Olivenöl, geriebener Schale der Zitronen, je einem Zweig Rosmarin, Liebstöckel und Minze sowie Salz und Pfeffer vermischen und in eine ofenfeste Form geben.
3 Strudelteig mit verquirltem Ei bestreichen, mit den bestrichenen Seiten aufeinander legen. Teig nochmals auf einer Seite bestreichen, mit der bestrichenen Seite nach unten auf die Fleischmischung legen und rundherum an der Form festdrücken. Teig mit geschmolzener Butter bestreichen, mit Mohn und Kümmel bestreuen.
4 Form in den Backofen schieben. Das Ragout bei 220 °C ca. 50 Minuten garen.
5 Das Ragout in der Backform servieren. Teig erst bei Tisch anbrechen, damit der Duft dieses Gerichts schön wahrgenommen wird.

Baeckeoffe kommt aus dem Elsass. Der Name weist darauf hin, dass diese Art von Eintöpfen mit Teighülle früher im Bäckerofen gegart wurde.

< Topfentomaten

Zutaten für 4 Portionen
Zubereitungsdauer ca. 3/4 Std.

4 Fleischtomaten
1 rote Paprikaschote
2 mehlige Kartoffeln
2 Knoblauchzehen
1 Bund Petersilie
Zitronenmelisse
Liebstöckel
Basilikum
4 Sardellenfilets
ca. 200 g Topfen (Quark)
Olivenöl
Parmesan
Cayennepfeffer
Salz

1 Kartoffeln kochen.
2 Petersilie, einige Zweige Zitronenmelisse und ein paar Blätter Liebstöckel klein schneiden, in gut gesalzenem Wasser eine Minute kochen, in eiskaltem Wasser abschrecken.
3 Kräuter mit Sardellenfilets und einem guten Schuss Olivenöl und Knoblauch zu einer dicken Paste mixen.
4 Paprika putzen und klein schneiden. Mit Salz, Cayennepfeffer und ein wenig Wasser leise kochen lassen, bis er weich ist. Mit Olivenöl zu einer Sauce mixen.
5 Von den Tomaten die Strünke ausschneiden. Tomaten blanchieren und kalt abschrecken. Haut abziehen, Tomaten halbieren und entkernen.
6 Kartoffeln schälen und durch eine Presse drücken. In die Tomaten füllen und leicht salzen, Petersilienpaste darauf geben. Tomaten mit Topfen füllen.
7 Tomaten in eine mit Olivenöl beträufelte Pfanne setzen. Tomaten mit Olivenöl beträufeln und mit geriebenem Parmesan bestreuen. Im Backofen bei 200 °C ca. 10 bis 12 Minuten backen.
8 Paprikasauce in Teller geben, überbackene Tomaten darauf setzen. Mit Basilikum garnieren.

Gazpacho

Zutaten für 4 Portionen
Zubereitungsdauer ca. 20 Min.

1 Salatgurke
1 rote Paprikaschote
1 Stange Sellerie
1 kl. Kohlrabi (Steckrübe)
2 Tomaten
Basilikum
Weißweinessig
Olivenöl
Wasabi
Sardellenpaste
Tabasco
Pernod
Salz

1 Gurke schälen und entkernen. Kohlrabi schälen. Paprika und Sellerie putzen. Tomaten schälen. Alles in Stücke schneiden.
2 Gemüse mit 2 EL Essig, 60 ml Öl, einem Schuss Pernod, Salz, je 2 TL Wasabi und Sardellenpaste, Tabasco und 1/2 l Wasser mixen. Durch ein Sieb streichen.
3 Gazpacho in Tassen geben, nicht zu knapp mit Olivenöl beträufeln, mit Basilikum bestreuen.

Als Einlage eignen sich Thunfisch oder gekochte Miesmuscheln. Auch ein Löffel Crème fraîche macht die Sache noch interessanter.

Thunfisch mit Paprika und Tomaten

Zutaten für 4 Portionen
Zubereitungsdauer ca. 40 Min.

250 g Thunfisch in Sushi-Qualität
2 rote Paprikaschoten
1 Fleischtomate
5 Knoblauchzehen
Kren (Meerrettich)
Zitronenthymian
geriebene Mandeln
Olivenöl
Cayennepfeffer
Salz

Für die Marinade
Sesamöl
Sojasauce (dünnflüssig)
Zitronensaft
Zucker

1 Eine Paprikaschote putzen und in schlanke Spalten schneiden. Gemeinsam mit Knoblauch (in der Schale) und einem Zweig Zitronenthymian in Olivenöl anschwitzen. So viel Olivenöl zugießen, dass der Paprika fast bedeckt ist. Halb zugedeckt leise kochen lassen, bis der Paprika weich ist. Paprika aus dem Öl heben und die Haut abziehen.
2 Zweite Paprikaschote putzen und klein schneiden. Tomate abziehen, entkernen und in Stücke schneiden. Gemeinsam mit dem Paprika in einen Topf geben. Mit ein wenig Wasser untergießen und zugedeckt 3 bis 5 Minuten leise kochen lassen.
3 Paprika-Tomaten-Mischung pürieren. 1 EL Mandeln ohne Zugabe von Fett rösten, mit dem Paprikapüree verrühren und mit Salz und Cayennepfeffer abschmecken.
4 Ein wenig von der Paprikapaste auf Teller geben und die Paprikastücke dazulegen.
5 Thunfisch in möglichst dünne Scheiben schneiden. Ebenfalls auf die Teller legen.
6 Aus 2 EL Sesamöl, 1 EL Sojasauce, einem Schuss Zitronensaft und einer Prise Zucker eine Marinade rühren. Thunfisch mit Marinade beträufeln und mit geriebenem Kren bestreuen. Eventuell auch würzige Kräuter und Sprossen auf die Teller geben.

Und noch mehr mit der Paprika-Mandel-Creme!

Erstens Hochwertigen Bonito aus Glas oder Dose mit Zitronensaft beträufeln, mit Meersalz bestreuen und mit der Creme servieren. Dazu Bachkresse geben.

Zweitens Als Fundament für Carpaccio verwenden. Auf die Mayonnaise-artige „Salsa Universale“ des Original-Carpaccio in diesem Fall verzichten. Dafür das Rindfleisch mit Pinienkernen und frisch geriebenem Kren bestreuen.

Drittens Als Dip für Hühnerspießchen verwenden. In diesem Fall mit Tabasco oder Chilipaste à la Sambal Oelek feurig abschmecken. Die Hühnerspießchen zum Beispiel auf die folgende Art zubereiten: Stücke von der Hühnerbrust wechselweise mit Perlzwiebeln und Peperonistücken auf Spieße stecken. Spieße in Maisstärkemehl wenden, durch verquirltes Eiweiß ziehen und in Pflanzenfett frittieren. Danach erst salzen.

7 GEFLÜGEL & GETREIDE

Das Huhn an seinem Leibgericht

Horror vacui, die Angst vor dem Leeren, ergreift uns häufig auch bei der erfüllenden Tätigkeit des Kochens. Von allem und jedem Nahrungsmittel, das die Natur mit einem Hohlraum ausgestattet hat oder an dem im küchenfertigen Zustand ein solcher vorliegt, wird der Drang zur Füllung ausgelöst, von Kamelen ebenso wie von entkernten Zwetschgen. Bratfertiges Geflügel hat einen Hohlraum, der besonders provoziert, passt doch die Größe der befüllbaren Höhle mit dem umgebenden Fleischanteil gut zusammen. Wachteln füllt man halt ein klein wenig fester als die Puten, die man besonders locker füllt, auf dass das Quantum der im Leibesinneren gegarten Beilage mit der Ergiebigkeit des Vogels selbst in einem ausgewogenen Verhältnis steht.

Brot in den verschiedensten Fertigungsarten ist das prädestinierte Material für die Geflügelfüllung, es quillt und saugt den Saft und sättigt und passt geschmacklich wunderbar. Brot kommt vom Getreide, das naturgemäß die bevorzugte Ernährung des Geflügels wäre. Das mag ein Grund sein für die geschmackliche Harmonie.

Für eine klassische HÜHNER- oder ENTENFÜLLE nimmt man 4 Semmeln oder Brötchen. Solche vom Vortag sind die besten. Ganz frisches Gebäck wäre zu flaumig für eine Fülle, getrocknetes Knödelbrot braucht recht viel Flüssigkeit. Die Semmeln würfelig schneiden und mit Salz, Pfeffer, geriebener Muskatnuss, Majoran und einer gepressten Knoblauchzehe vermischen. Die Masse mit ca. 300 ml gewärmter Milch übergießen und weichen lassen. 100 g Butter cremig rühren, nach und nach 2 Eier einrühren und diese Masse mit den Semmeln verrühren. Die Masse gut zusammendrücken und ruhen lassen. Vor der Platzierung in der Leibeshöhle des Geflügels ein wenig kneten.

Je nach Jahreszeit und Laune kann man die Fülle um weitere Zutaten ergänzen. Für winterliche Hühner, Gänse oder Enten mit klein geschnittenen Dörrzwetschgen, Orangeat, Kräutern der Provence und einem Hauch von Zimt. Für ein frühlingshaftes Huhn bietet sich die Bereicherung durch Kerbel, Kresse oder Bärlauch an und darüber hinaus mit grünem Spargel: Dünnen grünen Spargel in 1/2 cm lange Röllchen schneiden, kurz braten und unter die Fülle mengen. Die Milch für das Übergießen der Semmeln könnte man in diesem Fall gewagterweise mit einem Hauch von Vanille aromatisieren.
Und für ein Huhn in herbstlicher Ausfertigung kommt man leicht auf die Idee, in Butter gebratene Pilze unterzumischen und die Masse mit fein gemahlenen getrockneten Steinpilzen zu verfeinern. Oder man bereitet die Herbst- und Sommerfülle ganz anders zu: Für MAIS-RICOTTA-FÜLLE eine Tasse gekochten Mais mit gleich viel geriebenem Bergkäse, doppelt so viel Ricotta und halb so viel Semmelbröseln sowie einem Eigelb verrühren. Mit Majoran, Salz und Pfeffer würzen und vielleicht geschnittene und leicht angebratene Frühlingszwiebeln oder in Spalten geschnittene Schalotten hineingeben.

Das Getreide kann mit dem Geflügel aber nicht nur mittels der Füllen zusammengeführt werden, sondern auch durch passende Hüllen. Das gebackene Huhn mit seiner Semmelbröselpanade braucht in der klassischen Ausfertigung nicht mehr vorgestellt zu werden. Next Level wäre das MARINIERTE BACKHUHN. Man nehme Sauerrahm und verrühre diesen mit Cayennepfeffer, Zitronensaft und eventuell geriebener Zitronenschale und bestreiche damit das Hühnerfleisch gleichmäßig

Rollgerste würde dem Huhn gut schmecken und schmeckt auch gut als Beilage zum Huhn. Ein Rezept, allerdings für Honigwachtel, steht auf Seite 79.

und nicht zu knapp. Nach dem Panieren und Backen erhält man ein Huhn mit ganz besonderen Vorzügen in puncto Saftigkeit und Aromareichtum.

Ein weiteres alternatives Backhuhn wäre das mit SCHWARZBROT-BRÖSELHÜLLE. Dafür ausgelöste Hühnerkeulen mit Dijonsenf leicht bestreichen, in Mehl wenden, durch verquirltes Ei ziehen und in relativ grob geriebenen Schwarzbrotbröseln wälzen. Bei geringer Hitze besonders aufmerksam backen, denn diese Brösel bräunen besonders rasch. Weil im Schwarzbrot gern Fenchelsamen, Koriander und Anis verwendet werden, kann man diese Gewürze auch für die Beilage verwenden: für einen Gurkensalat mit Sauerrahmdressing mit Anis und Koriander oder einen Salat von feinst geschnittenem rohem Fenchel, mariniert mit Joghurt und den nämlichen Gewürzen.

Zuletzt noch zwei Beilagen, die das Getreide zum Geflügel bringen. Für GEFLÜGEL-LEBERPAFESEN püriert man Geflügelleber mit Zwiebel, ein wenig Butter, Salz, Pfeffer und Majoran und streicht diese Masse zwischen dünne, kleine Scheiben Milchbrot. Diese Schnittchen in verquirltem Ei wenden und in Butterschmalz schwimmend ausbacken
Für BLINIS 200 g Buchweizenmehl mit ungefähr 1,2 l Milch, einem Ei, 2 EL geschmolzener Butter und 40 g Hefe lauwarm vermischen und ruhen lassen. Die Masse löffelweise in eine Pfanne mit ein wenig Fett geben, beidseitig braten. Als Beilage zu Hühnerragout geben oder mit Senf bestreichen und mit geräuchertem Putenschinken belegen.

Hühnerbrust mit Kalamari und Polentapaprika

Zutaten für 4 Portionen
Zubereitungsdauer ca. 3/4 Std.

4 Filets von der Hühnerbrust (ohne Haut)
200 g Kalamari
1 unbehandelte Zitrone
Rosmarin
Oregano oder Majoran
Sauerrahm (saure Sahne)
Olivenöl
schwarzer Pfeffer
Salz

Für die Polentapaprika
1 mittelgroße rote Paprikaschote
6 kleine rote Paprikaschoten
2 Tomaten
1 kleine Zwiebel
125 g Polenta
400 ml Hühnerbrühe
50 g Parmesan
Butter
Cayennepfeffer
Salz

1 Zuerst die Polentapaprika vorbereiten: Die große Paprikaschote entkernen und klein schneiden. Mit kaltem Wasser bedeckt aufsetzen, salzen und mit einer Prise Cayennepfeffer würzen. Bei mittlerer Hitze zugedeckt weich kochen, zu einem Püree mixen.
2 Zwiebel fein schneiden, in 1 EL Butter anschwitzen. Polenta einrieseln lassen und die Brühe zugießen. Polenta zugedeckt ca. 5 Minuten leise kochen lassen. Mit Paprikamark und geriebenem Parmesan verrühren.
3 Die kleinen Paprikaschoten ca. 5 Minuten in Salzwasser kochen. Kalt abschrecken, am Stielansatz aufschneiden, entkernen und mit der Polenta füllen.
4 Tomaten schälen, in Stücke schneiden und in eine ofenfeste Pfanne oder eine Backform geben. Paprika darauf setzen und mit Olivenöl beträufeln. Im Backofen bei 200 °C zugedeckt so lange braten, bis sich die Paprika mit einer Gabel leicht anstechen lassen.
5 Hühnerfleisch in fingerbreite Streifen schneiden, salzen und mit Pfeffer würzen. In einer Pfanne Olivenöl erhitzen, Fleisch darin auf allen Seiten anbraten.
6 Kalamari in mundgerechte Stücke schneiden und zum Fleisch geben. Rosmarin hacken (1/2 TL voll), Oreganoblättchen von den Stielen zupfen (1 TL voll), Schale von einer halben Zitrone fein abheben und in feinste Streifen schneiden. Alles zu Huhn und Kalamari geben und ca. 2 Minuten zugedeckt schmoren.
7 Ragout mit Polentapaprika anrichten. 1 EL Sauerrahm auf jede Portion geben.

Das Paella-Prinzip

Huhn & Reis und noch viel mehr

Fast alles ist möglich. Die Kombination von Huhn, Kaninchen und Schnecken erweist sich in Form der „Paella Valenciana“ als unwiderstehlich, und Huhn und Meeresfrüchte passen genauso gut zusammen. Huhn und Kalamari – die Grundzutaten des oben beschriebenen Rezepts – könnte man mit Paprika und Tomaten in die Paella-Pfanne geben.

Entensuppe mit Weizennudeln >

Zutaten für 8 Portionen
Zubereitungsdauer ca. 2 1/2 Std.

1 Ente (ca. 1,7 kg)
3 Zwiebeln
3 Karotten
1 Knolle Knoblauch
1 EL Bohnenkraut
evtl. Lauch- oder Frühlingszwiebeln
50 g Orangeat
1 Zimtstange
2 EL Majoran
1 EL Korianderkörner
2 EL schwarzer Pfeffer
1 TL Kreuzkümmel
1 Stk. Ingwer (3 cm lang)
Tabasco
Sojasauce
Salz

Für die Weizennudeln
Nudelteig wie auf Seite 114 beschrieben, in breite Nudeln geschnitten

1 Ente ca. 5 Minuten in kaltes Wasser legen und abspülen. Mit 2 l frischem Wasser aufsetzen (die Ente sollte bedeckt sein), aufkochen, aufsteigenden Schaum und Fett abschöpfen.
2 Gemüse und Gewürze zugeben und die Brühe etwa 2 Stunden leise kochen lassen. Mit Tabasco, Sojasauce und Salz abschmecken.
3 Fett von der Brühe abschöpfen und die Brühe durch ein Sieb gießen. Entenfleisch von den Knochen lösen und in mundgerechte Stücke schneiden. Karotten und Zwiebeln klein schneiden.
4 Fleisch, Gemüse und Nudeln in Teller oder Schalen geben. Mit Brühe aufgießen und mit ein wenig Schnittlauch bestreuen. Falls man die Suppe um ein farbenfrohes Element bereichern will, kann man auch in Salzwasser blanchierte Stücke von Lauch- oder Frühlingszwiebeln dazugeben.

Bulgursalat mit geräucherter Pute

Zutaten für 4 Portionen
Zubereitungsdauer ca. 1/2 Std.

200 g geräucherte Putenbrust (dünn geschnitten)
150 g Bulgur
1 Zwiebel
1 Fleischtomate
1 Zitrone
Minze oder Basilikum
50 g eingelegte Paprika (z. B. Peperonata)
Curry
Kreuzkümmel
schwarzer Pfeffer

1 Bulgur in eine Schüssel geben. Nach und nach 150 ml kochendes Wasser zugießen. Immer wieder umrühren. Schüssel zudecken und den Bulgur etwa 20 Minuten quellen lassen.
2 Tomate blanchieren. In eiskaltem Wasser abschrecken, abziehen, entkernen und in Würfel schneiden.
3 Paprika in Würfel schneiden. Zwiebel fein schneiden. Alles mit dem Bulgur vermischen und den Salat mit gemahlenem Kreuzkümmel, Pfeffer, Zitronensaft und Curry abschmecken.
4 Putenbrust locker auf Teller legen. Bulgur darauf setzen und den Salat mit geschnittener Minze oder Basilikum bestreuen.

Stubenküken mit Milchbrotfülle

>

Zutaten für 4 Portionen
Zubereitungsdauer ca. 3/4 Std.

4 Stubenküken
500 g weißer Spargel
Kräuter (z. B. Schnittlauch, Kerbel, Petersilie)
150 g Milchbrot
1 Ei
125 g Sahne
Honig
Erdnussöl
Butter
Maisstärkemehl
Pfeffer
Salz

1 Die Stubenküken in der folgenden Weise vorbereiten: Entlang des Brustbeins einschneiden. Fleisch links und rechts von den Rippen schneiden. Küken am Rücken durchschneiden, sodass zwei Stücke entstehen. Die Knochen von den Keulen und die Flügel bleiben im Fleisch.
2 Milchbrot in Würfel von ca. 1 cm Kantenlänge schneiden. Kräuter hacken. Sahne, Ei und 2 EL Kräuter zum Brot geben, salzen, pfeffern und verrühren.
3 Auf jeden Hühnerteil einen Löffel Fülle geben. Je zwei Fleischteile mit der Fülle nach innen übereinander legen, mit Frischhaltefolie mäßig straff umwickeln. Im Dämpfeinsatz oder in heißem Wasser knapp unter dem Siedepunkt garen (dauert ca. 10 Minuten).
4 Spargel schälen und trockene Enden wegschneiden. Spargel in gesalzenem Wasser weich kochen. Aus dem Fond heben und in eiskaltes Wasser legen.
5 Vom Spargelfond 1/4 l aufkochen. In einer Tasse etwas Maisstärkemehl mit Wasser glatt rühren und so viel davon in den Spargelfond einkochen, dass sich eine leichte Bindung ergibt. 3 EL Butter und einen Schuss Erdnussöl einmixen.
6 Spargel in Stücke schneiden, in der Sauce erwärmen.
7 Küken auf Teller geben, Spargel anrichten, mit Frühlingskräutern bestreuen, mit einem Faden Honig überziehen.

Hühnerkeulen-Ragout mit Cassis und Polenta-Zucchini

Zutaten für 4 Portionen
Zubereitungsdauer ca. 1/2 Std.

3 Hühnerkeulen (ausgelöst und ohne Haut)
2 Knoblauchzehen
1 Zitrone
Majoran
Rosinen
1/8 l Rotwein
Cassis
Erdnussöl
Salz, Pfeffer

Für die Zucchini
Polenta (wie auf Seite 143 beschrieben, jedoch 1/4 Menge)
2 Zucchini
Butter
Parmesan

1 Hühnerkeulen in walnussgroße Stücke schneiden.
2 Knoblauch abziehen und blättrig schneiden, gemeinsam mit dem Fleisch in Öl anbraten. 1 EL Rosinen zugeben, mit Wein und einem kräftigen Schuss Cassis aufgießen, den Saft der Zitrone einrühren. Zugedeckt 5 Minuten schmoren.
3 Fleisch aus der Pfanne heben und den Bratensaft kräftig einkochen. Fleisch wieder zugeben und nochmals erwärmen.
4 Zucchini der Länge nach in dünne Scheiben schneiden, auf ein mit Butter bestrichenes Blech setzen und im Backofen bei 180 °C ca. 5 Minuten braten. Polenta in einen Spritzbeutel füllen, auf die Zucchinischeiben auftragen, mit grob geriebenem Parmesan bestreuen.
5 Ragout auf Teller geben und mit frischem Majoran bestreuen. Zucchini als Beilage servieren.

Die hübschesten Zucchini für diese Beilage sind die gelben. Von der Polenta nimmt man am besten die helle, grob gemahlene. Gerade so cremig kochen, dass sie sich leicht aufspritzen lässt.

< Honigwachteln mit Rollgerste

Zutaten für 4 Portionen
Zubereitungsdauer ca. 3/4 Std.

4 Wachteln
Bachkresse oder
Rettichsprossen
Erdnussöl
evtl. Kürbiskernöl
Zucker
Salz

Für die Rollgerste
50 g Speck
1 Zwiebel
100 g Rollgerste
Butter
Erdnussöl
schwarzer Pfeffer
Salz

Für den Honigsaft
1/8 l Himbeer- oder
Brombeeressig
Honig
Portwein oder Sherry

1 Wachteln am Brustbein einschneiden, Fleisch von den Knochen schneiden, in Bruststücke und Keulen trennen; die Keulenknochen werden nicht ausgelöst.
2 Fleisch in einer Mischung aus 1/2 l Wasser, 1 TL Salz und 1 TL Zucker über Nacht ziehen lassen (dadurch werden die Wachteln beim späteren Braten besonders weich und saftig).
3 Zwiebel in Spalten schneiden. Gerste in 2 EL Öl anschwitzen. 1/4 l Wasser zugießen, Speck, Zwiebel, Salz und Pfeffer einrühren. Gerste zugedeckt weich kochen (dauert ca. 20 Minuten). 1 EL Butter einrühren, mit Salz und Pfeffer abschmecken.
4 Für den Honigsaft Essig mit 2 EL Honig und einem Schuss Portwein oder Sherry aufkochen. So lange kochen, bis ein leicht fließender Sirup entstanden ist.
5 Fleisch aus der Marinade heben und trocken tupfen. Auf der Fleischseite in Öl anbraten, nach 20 Sekunden wenden und auf der Hautseite fertig braten; das Fleisch sollte im Kern rosa bleiben.
6 Fleisch durch den Honigsirup ziehen und auf Rollgerste anrichten. Eventuell einen Faden Kürbiskernöl rundum ziehen, mit Kresse oder Sprossen garnieren.

Gebratene Tauben mit Couscous-Fülle

Zutaten für 4 Portionen
Zubereitungsdauer ca. 3/4 Std.

4 Tauben
Fruchtessig
Süßwein
Butter
Mehl
schwarzer Pfeffer
Salz

Für den Couscous
100 g Couscous
Amarenakirschen
kandierter Ingwer
Rhabarber
Datteln
Rosinen
Orangeat
Erdnussöl
Kurkuma
Kreuzkümmel
Salz

1 Für die Fülle Couscous in Öl anschwitzen. 1/8 l kochendes Wasser zugießen, Topf zudecken, vom Herd nehmen, Couscous 10 Minuten quellen lassen.
2 Couscous mit den folgenden Zutaten verrühren: 1 EL Rosinen, 1 EL Amarenakirschen, 2 EL Orangeat, 1 EL gehackter Ingwer, 3 EL blättrig geschnittener Rhabarber, 3 EL klein geschnittene Datteln, je eine Prise Kurkuma, gemahlener Kreuzkümmel und Salz.
3 Tauben innen waschen und füllen. Öffnung mit Zahnstochern verschließen. Tauben in eine Pfanne mit geschmolzener Butter setzen, mit Butter bestreichen, salzen, pfeffern, im Backofen bei 220 °C etwa 20 bis 25 Minuten braten.
4 Tauben aus der Pfanne heben und Fett abgießen. Bratensatz mit 1 TL Mehl bestreuen, einen Spritzer Essig zugießen, mit einem Schuss Süßwein und Wasser ablöschen, kurz kochen lassen und durch ein Sieb streichen. Tauben mit Sauce beträufelt servieren.

Gebratene Tauben mit Couscous-Fülle

– Rezept auf Seite 79 –

Haferflocken-Crêpes mit Gänseklein

Zutaten für 4 Portionen
Zubereitungsdauer ca. 1/2 Std.

Für die Fülle
200 g Gänsebrust
4 Schalotten
2 Frühlingszwiebeln
50 g gesalzene Erdnüsse
Rotwein
Honig
Erdnussöl
Balsamico-Essig
Kreuzkümmel
Salz

Für die Crêpes
50 g Haferflocken
4 Eier
Butter
evtl. Sesamöl
Tabasco
Salz

Für den Salat
1/4 Chinakohl
1/2 Birne
Sherryessig
Erdnussöl
Zucker
schwarzer Pfeffer
Salz

1 Von der Gänsebrust die Haut abziehen, Fett wegschneiden bzw. ablösen. Fleisch und Haut in feine Streifen schneiden. Haut in ein wenig Öl knusprig braten.
2 Schalotten klein schneiden, Frühlingszwiebeln in ca. 1 cm breite Stücke schneiden. Nüsse hacken.
3 Fleisch in sehr heißem Öl kurz braten, aus der Pfanne nehmen und 1 EL Honig, 2 EL Balsamico-Essig und einen Schuss Rotwein in die Pfanne gießen. Auf sirupartige Konsistenz einkochen. Schalotten und Frühlingszwiebeln darin schwenken, Nüsse und Gänsefleisch zugeben. Mit Salz und Kreuzkümmel abschmecken.
4 Haferflocken in einer Pfanne ohne Zugabe von Fett rösten. Eier mit einer Prise Salz und einem Spritzer Tabasco verquirlen. Haferflocken unterheben.
5 In einer beschichteten Pfanne ein wenig Butter erhitzen, eventuell auch einige Tropfen Sesamöl zugeben. Kleine Crêpes backen, mit der Fülle bestreichen und aufrollen.
6 Für den Salat die Birne in Stäbchen und den Chinakohl in feine Streifen schneiden. Mit 2 EL Essig, 4 EL Öl, einer Prise Zucker, Salz und Pfeffer marinieren.
7 Crêpes auf Teller geben, mit gerösteter Gänsehaut bestreuen und mit Salat als Beilage servieren.

Gans mit Hafer und Malzbiersauce

Zutaten für 4 Portionen
Zubereitungsdauer ca. 3 Std.

1 Gans (ca. 4 kg)
150 g Sauerkraut
2 EL Hafer
2 EL Leinsamen
80 g Milchbrot
1/4 l dunkles Bier
1/4 l Rotwein
1/8 l Balsamico-Essig
Butter
körniger Senf
Mehl
Majoran
Kümmel
schwarzer Pfeffer
Salz

1 Die Gans auslösen: Am Rücken einschneiden und das Fleisch sauber von den Knochen schneiden. Flügel und Keulen in den Gelenken vom Rumpf trennen.
2 Hafer und Leinsamen in reichlich Wasser ca. 5 Minuten leise kochen. Mit kaltem Wasser abspülen und gut abtropfen lassen.
3 Fleisch mit körnigem Senf bestreichen. Auf jede Gänsehälfte eine kleine Hand voll Sauerkraut geben und dieses mit kleinfingerdicken Scheiben vom Milchbrot belegen. Hafer und Leinsamen auf das Milchbrot geben. Die beiden Gänsehälften zusammenklappen, vernähen und in Form drücken. Gans mit Salz, Pfeffer, Majoran und Kümmel einreiben und in eine ofenfeste Form setzen.
4 Bei 200 °C unter mehrfachem Wenden ca. 2 1/2 Stunden braten. Nach halber Bratzeit die Hälfte des austretenden Fetts abschöpfen. Hitze auf 180 °C reduzieren.
5 Gans aus der Form heben. Das Fett abgießen, etwas Mehl auf den Bratensatz streuen und anrösten. Mit Bier, Wein und Essig aufgießen. Ein wenig kochen lassen. Sauce durch ein Sieb streichen und durch Einrühren von kalter Butter binden.
6 Gans in Stücke schneiden, auf Teller legen und mit der Sauce servieren.

8 ENTE & ORANGE

VON DELIKATEN VOGELPERSPEKTIVEN

Gewiss, Huhn ist noch viel verbreiteter als Ente, es legt ja auch am besten Eier, aber in der Schnittmenge zwischen weltweiter Beliebtheit und kulinarischem Potenzial ist doch die Ente ziemlich unschlagbar. Aus vielen Gründen ist sie der attraktivere der beiden Vögel, wobei das gewiss nicht nur am markanten Geschmack und der Konsistenz des Fleisches liegt, sondern auch an der Ente äußerstem Wert, nämlich der Haut. Knusprig gebraten und glaciert ist sie die Qualität, die Ente so viel begehrenswerter macht als das meiste andere Geflügel.

Ein Hauch oder auch eine kräftige Brise von fruchtiger Süße passt sehr gut zur Ente, weshalb man sie gern mit Honig einstreicht. Und aus dem gleichen Grund ergibt auch Ente mit Orange eine wunderbare Harmonie. Die Zitrusfrucht liefert zusätzlich zur Süße feine Säure in das Geschmacksensemble und ist deshalb auch ernährungsphysiologisch wertvoll. Denn Zitrusfrucht steigert die menschliche Leistungsfähigkeit am fetten Braten. Ist das schon Doping?

Doch hier geht es nicht um die organische Bewältigung, sondern um die hemmungslose Verfertigung schmackhafter Gerichte.
Die Französische Küche kennt seit Menschengedenken ENTE À LA ORANGE. Im Sinne des geringstmöglichen Aufwands könnte man sie auf folgende Weise nachvollziehen: Zucker karamellisieren, mit viel frisch gepresstem Orangensaft ablöschen, eventuell ein paar Spritzer Weißweinessig zugeben. Kräftig einkochen, mit der vierfachen Menge Fond aufgießen (idealerweise Entenfond, in der Praxis wird's wohl Hühnerbrühe sein). Nochmals einkochen und durch Einrühren von viel kalter Butter sämig binden. Diese Sauce kann man durch Zugabe von Orangenfilets (siehe weiter unten) oder -zesten anreichern oder durch Einrühren von Grand Marnier noch mehr in die orangenaromati-

sche Richtung steuern. Gebratene Ente oder Entenbrust (siehe ganz unten) gehört übrigens auch dazu.

Apropos Grand Marnier! Der Name sollte nicht als Synonym für beliebige Orangenliköre verstanden werden, denn Grand Marnier ist etwas ganz Besonderes. Aus mehr oder weniger altem Cognac und Bitterorangen aus Haiti komponiert, empfiehlt er sich als eleganter Geschmacksverstärker für alle Gerichte mit Orangen. Dieser edle Likör ist übrigens auch passend für die Endfertigung eines Entenbratens: Ente kurz vor dem Fertigwerden mit Grand Marnier übergießen, das verleiht der Haut ein passendes Aroma und verhilft dem Saft zu unerhörtem Nachhall.

Das Thema Ente & Orange lässt sich in vielfacher Weise variieren. Zum Beispiel als ENTENRISOTTO, indem man den Risottoreis wie gewohnt mit klein geschnittenen Schalotten anschwitzt; in Entenfett idealerweise, Erdnussöl ist ein brauchbarer Ersatz. Indem man idealerweise mit Entenfond aufgießt, Hühnerbrühe geht auch. Indem man kurz bevor der Risotto perfekt al dente ist – das wird nach etwa einer Viertelstunde sein – klein geschnittenes Entenfleisch einrührt (in diesem Fall allerdings ohne die Haut; die könnte man in feine Streifen schneiden, rösten und als Garnitur auf den Risotto geben). Ein paar Pilze in der Art getrockneter Herbsttrompeten passen auch vorzüglich. Jedenfalls kommen zu diesem Zeitpunkt noch die Zesten einer unbehandelten Orange hinzu. Zum guten Schluss die Würze: Salz, grob gemahlener Pfeffer, ein guter Schuss Grand Marnier. Und Butterkäse darüber reiben! Das passende Kraut wäre Majoran.

Größere Mengen Entenleber kann man als Glücksfall betrachten und im Schnellverfahren kulinarisch wirksam machen: Leber in Butter braten und in eine zuvor zubereitete ORANGENBUTTER geben. Die geht so: Von 2 unbehandelten Orangen oder Limetten (in diesem Fall heißt es natürlich Limettenbutter, Grapefruits wären auch sehr passend, dann aber nur eine) die Schalen fein abheben und in feinste Streifen schneiden oder mit einem Zestenreißer diese Schalenstreifen direkt von den Früchten ziehen. Die Früchte so schälen, dass jedwede Schale und Haut vom Fruchtfleisch geschnitten wird. Die Spalten zwischen den Trennhäuten herausschneiden. Das ergibt die vielfach erwähnten „Orangen-", „Limetten-" oder wie auch immer „filets".
1 EL Butter plus 1 EL Zucker und ein paar Tropfen Wasser erhitzen, bis der Zucker geschmolzen ist und fast schon bräunt. Zesten und Filets dazugeben, mit einem Schuss Orangen- oder anderem Zitrusfruchtsaft aufgießen und eventuell noch ein wenig Butter einrühren, damit die Sache sämig wird. Darin die gebratene, gesalzene und gepfefferte Leber schwenken und mit ihr noch ein paar Früchte: Halbierte Weintrauben passen gut, in Cognac eingelegte Rosinen, getrocknete Maulbeeren wären auch angenehm.

Dazu passen Butternudeln. Und mit Butternudeln und der beschriebenen Orangenbutter lassen sich ganz leicht ORANGENNUDELN zubereiten. Ein paar kleine Modifikationen nur bei der Butter: Statt der Zesten nimmt man besser geriebene Orangenschale. Damit die Sache nicht ganz so üppig wird, kann man mit einem kleinen Schuss fruchtigen Rotwein à la Beaujolais untergießen. Nicht zu viel von dieser Butter für die Nudeln nehmen, sie sollen ja nicht schwimmen, sondern nur eben gut angefeuchtet werden.

Das wäre dann die Beilage zur klassisch gebratenen ENTENBRUST: Haut im Abstand von einem halben Zentimeter einschneiden; nur eben bis zum Fleisch, nicht weiter. Salzen, pfeffern, mit einem Hauch von gemahlenem Kümmel würzen, Majoran zusätzlich oder statt des Kümmels geht natürlich auch. In ganz wenig Entenfett oder Erdnussöl auf der Hautseite anbraten, wenden und im Backofen bei 200 °C fertig braten.

Gebratene Ente mit Orangen und Kastanien

Zutaten für 4 Portionen
Zubereitungsdauer ca. 2 1/2 Std.

1 Ente (ca. 1,6 kg)
200 g vorgekochte Kastanien
2 unbehandelte Orangen
1/4 l Orangensaft
Orangenlikör
60 ml Rotweinessig
Thymian
schwarzer Pfeffer
Salz

1 Ente am Rücken aufschneiden, Knochen auslösen: Mit einem scharfen, kleinen Messer das Fleisch sauber von den Knochen schneiden, Keulen und Flügel in den Gelenken vom Rumpf trennen. Keulen und Flügelknochen ebenso auslösen.
2 Die Schale von einer Orange dünn abschälen und in feine Streifen schneiden oder die Orange mit einem so genannten Zestenreißer schälen. Ente auf der Innenseite mit Orangenschalen belegen. Darauf die Kastanien verteilen. Die Ente wieder in Form bringen, am Rücken mit Küchengarn vernähen, mit Salz und Pfeffer bestreuen, mit Orangenlikör einstreichen.
3 Knochen hacken und in einen Schmortopf geben. Ente darauf setzen, mit ein wenig Wasser und Orangenlikör untergießen und mit einigen Zweigen Thymian belegen. Orangen in Viertel oder Achtel schneiden und zur oder auf die Ente geben.
4 Ente im Backofen bei 240 °C braten. Nach ca. 20 Minuten die Temperatur auf 200 °C reduzieren. Ente während des Bratens immer wieder mit dem Bratensaft übergießen; die gesamte Bratzeit beträgt eine knappe Stunde. Ente aus dem Topf heben und noch ca. 30 Minuten ruhen lassen.
5 Orangensaft und Rotweinessig in den Topf gießen und aufkochen, mit Salz und Pfeffer abschmecken, alles durch ein Sieb gießen.
6 Ente in Stücke schneiden, mit Saft, Orangen und Kastanien servieren. Als Beilage passt gedünsteter Wirsing.

Aufruf zur Heimarbeit Nr. 1
Kandierte Orangenschalen
sind eine wunderbare Beilage zur gebratenen Ente und eine Bereicherung für jedes Rotkraut. Selbst gemacht sind sie meist frischer als gekauft und jedenfalls mit genau der Zuckermenge versehen, die angenehm erscheint: Orangenschalen in 1/2 cm dicke Streifen schneiden und 2 Tage kalt wässern. Mit (Richtwert) dem gleichen Gewicht an Zucker und einem guten Schuss Wasser aufsetzen und leise kochen, bis die Schalen glasig sind. Auf einem Sieb abtropfen lassen und am besten in verschlossenen Gläsern kühl lagern. Nach 1 bis 2 Wochen sind sie gut.

Gebratene Ente mit Orangen und Kastanien

– Rezept auf Seite 87 –

Entenkeulenragout mit gebratenen Orangen >

Zutaten für 8 Portionen
Zubereitungsdauer ca. 2 Std.

8 Entenkeulen
1 unbehandelte Orange
1 Stange Lauch
4 Schalotten
4 Knoblauchzehen
Zitronengras
Ingwer
Orangenlikör
Rotwein
Balsamico-Essig
ca. 2 l Erdnussöl
Zucker
Salz

1 Entenkeulen mit der Hautseite in heißem Öl anbraten, so viel Öl zugießen, dass die Keulen bedeckt sind. Zugedeckt weich kochen (dauert ca. 45 Minuten). Im Fett auskühlen lassen.
2 Entenkeulen aus dem Öl heben. Haut abziehen, Fleisch von den Knochen lösen.
3 Orange in Viertel schneiden, mit ein wenig vom Enten-Bratöl in einen Schmortopf geben und ca. 15 Minuten bei 200 °C im Backofen braten.
4 Schalotten abziehen und in Spalten schneiden. Knoblauch abziehen und blättrig schneiden. Ingwer klein schneiden (2 EL voll). Einen Stängel Zitronengras fein schneiden.
5 In einer Pfanne 2 EL Zucker mit einem Schuss Orangenlikör dick kochen, mit 1/4 l Rotwein und einem Schuss Balsamico-Essig aufgießen. Schalotten, Knoblauch, Zitronengras und Ingwer einrühren. Flüssigkeit auf die Hälfte der ursprünglichen Menge einkochen. Fleisch zugeben und zugedeckt ein paar Minuten leise kochen lassen.
6 Lauch putzen und fein schneiden, in Salzwasser blanchieren und kalt abschrecken. Gebratene Orangen in schlanke Spalten schneiden, gemeinsam mit dem Lauch unter das Ragout heben. Mit Salz abschmecken.

Entenleber-Sugo »Grand Marnier«

Zutaten für 8 Portionen
Zubereitungsdauer ca. 2 Std.

100 g Entenleber
(oder andere Geflügelleber)
50 g Salami
2 Zwiebeln
1 große Karotte
3 Knoblauchzehen
1 Stange Sellerie
1 kl. Bund Petersilie
Orangenmarmelade
Orangenlikör (Grand Marnier)
1/2 l Rotwein
Entenfett oder Erdnussöl
Kümmel
Majoran
Anissamen
Pfeffer
Salz

1 Zwiebeln, Karotte, Knoblauch und Staudensellerie abziehen bzw. putzen und grob schneiden. Gemeinsam mit Petersilie, Geflügelleber und Salami durch den Fleischwolf drehen.
2 Wein, 60 ml Orangenlikör und 2 EL Orangenmarmelade mit der Masse vermischen, mit Salz, Pfeffer, Kümmel, getrocknetem Majoran und Anissamen würzen. 4 EL Entenfett oder 60 ml Erdnussöl einrühren. Etwa eine Stunde leise kochen lassen.
3 Sugo auf breiten Nudeln servieren. Mit Selleriegrün bestreuen.

Gesottene Entenbrust mit Orangen-Oliven-Ragout

Zutaten für 4 Portionen
Zubereitungsdauer ca. 1 Std.

4 Entenbrüste
2 Knoblauchzehen
4 Stauden Pak Choi (in Chicoréegröße)
8 Orangen
60 g schwarze Oliven
Butter
Olivenöl
Tapiokamehl

Für die Marinade
1/8 l Orangenlikör
3 Korianderkörner
2 Wacholderbeeren
Schale von einer unbehandelten Orange
3 Knoblauchzehen
1 EL Zucker
2 TL Salz

1 Alle Zutaten für die Marinade vermischen (Wacholderbeeren angedrückt). Entenbrüste damit vermischen und einreiben. Zugedeckt und gekühlt einen Tag marinieren.
2 Entenbrüste in der Marinade erhitzen. Falls erforderlich, Wasser zugießen, sodass das Fleisch bedeckt ist. Aufkochen, eventuell aufsteigenden Schaum abschöpfen, zugedeckt ca. 15 Minuten knapp unter dem Siedepunkt gar ziehen lassen.
3 Orangen so schälen, dass auch die weiße Haut entfernt wird. Fruchtfleisch spaltenweise zwischen den Trennhäuten herausschneiden. Dabei abtropfenden Saft auffangen. Rest der Orangen ausdrücken (hemmungslos mit den bloßen Händen). Orangensaft mit Orangenspalten so lange kochen, bis die Flüssigkeit weitgehend verdampft ist. Oliven entsteinen, hacken und einrühren.
4 1/8 l vom Entenfond aufkochen. In einer Tasse etwas Tapiokamehl mit wenig kaltem Wasser glatt rühren. In den Fond einrühren, bis sich eine kräftige Bindung ergibt.
5 Knoblauch blättrig oder in Spalten schneiden, in 1 EL Butter anschwitzen. Vom Pak Choi den Wurzelansatz wegschneiden. Pak Choi in die Knoblauchbutter geben. Eingedickten Entenfond zugießen. Pak Choi zugedeckt 1 bis 2 Minuten schmoren.
6 Pak Choi auf Teller geben. Gesottene Entenbrüste in Scheiben schneiden, mit Salz und Pfeffer würzen und anrichten. Orangen-Oliven-Paste auf die Teller geben und alles mit ein wenig Olivenöl beträufeln.

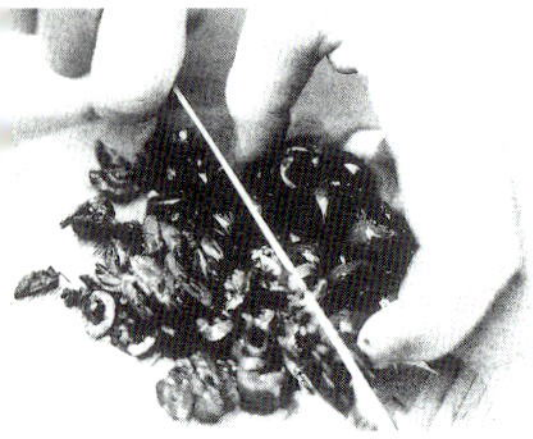

Aufruf zur Heimarbeit Nr. 2
Custom-made Olivenpesto
Olivenpaste oder Pesto kann man fertig kaufen, aber auch ganz individuell selbst zubereiten. Zum Beispiel, indem man zu den üblichen Zutaten wie Oliven, Olivenöl, Rosmarin, Knoblauch und Pinienkernen auch abgeriebene Orangen- oder Limettenschale gibt.

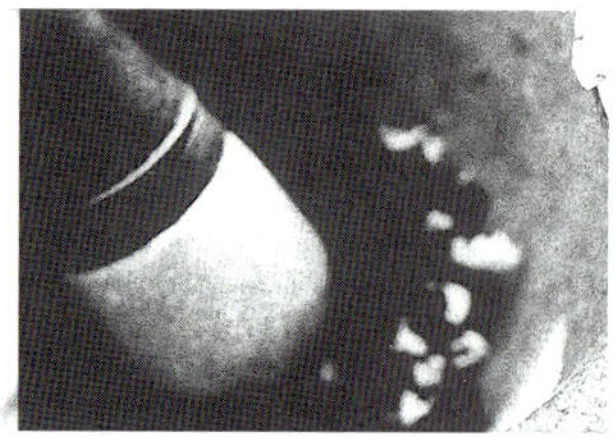

9 KAPERN & OLIVEN

Aus den Tiefen der Geschichte

Kapern und Oliven, diese Verbindung von Gegensätzlichkeiten ist so fundamental wie Essig und Öl, auch wenn es statt Essigkapern solche in Salz sein dürfen. Die Frucht des Ölbaums, Essig und Salz sind gemeinsam mit Brot und Wein das kulinarische Material der Bibel. Ihr geschmackliches Zusammenspiel sei hier zum Axiom erklärt, und derart befreit von der Beschäftigung mit magerer Theorie gelangen wir sympathisch rasch zur nährwertreichen Praxis.

Beginnen wir archaisch und backen wir OLIVENBROT. Im Sinne der Vielfachnutzung von Grundrezepten könnte man dafür einen „PIZZATEIG" verwenden; die Anführungsstriche bei Pizzateig mögen hier verhindern, dass sich die Flachteig-Pizzafraktion herausgefordert fühlt zur Verteidigung der reinen Lehre, denn der hier empfohlene Teig ist ein flaumiger. 250 g glattes Mehl, einen Spritzer Olivenöl, 20 g Hefe, je eine Prise Salz und Zucker sowie ca. 1/8 l lauwarmes Wasser in der Küchenmaschine so lang rühren, bis der Teig flaumig ist und sich gerade noch nicht von der Rührschüssel löst. Die Konsistenz kann man durch Zugabe von weiterem Wasser sehr gut steuern. Das Rühren sollte gut und gern 10 Minuten dauern, man kann auch hier schon ein paar Hand voll halbierte oder klein geschnittene Oliven untermengen. Besser aber später und in passender Begleitung. Den Teig aufgehen lassen, zusammenschlagen und nochmals eine Viertelstunde rasten bzw. gehen lassen. Für die Fülle Oliven, Kapern, die adäquaten Kräuter wie Basilikum, Rosmarin und Oregano, vielleicht auch Schinken und Mozzarella klein schneiden bzw. hacken. In die Mitte des ausgerollten Teiges legen, Teig darüber zusammenfalten. Brote auf ein Backblech legen und bei 220 °C ca. 20 Minuten backen. Gegen Ende der Backzeit mit Olivenöl bestreichen, mit Salz und Pfeffer würzen.

Mit annähernd den gleichen Zutaten lässt sich auch Pizza zubereiten. Als zweiten Grundbaustein bereite man dafür ein geschmacklich angereichertes Olivenöl vor, das gewissermaßen als UNIVERSALSAFT derartiger Gerichte dienen kann: 2 EL gehackte Oliven, 1/2 EL gehackte Kapern, eine gepresste Knoblauchzehe, den Saft einer Zitrone und grob gemahlenen schwarzen Pfeffer mit 1/8 l Olivenöl verrühren. Das passt zu gegrilltem oder gebratenem Lamm, Rind, Fisch, zu Schinken und sogar zu geschmackskräftigen Käsesorten wie Parmesan und Peccorino. Das passt auch auf die Pizza. Den Teig wie oben beschrieben zubereiten, rund ausrollen bzw. ausziehen, am Rand ein wenig dicker lassen. Am einfachsten mit gut abgeschmeckter Tomatenpulpe bestreichen, beliebig belegen und mit dem Oliven-Kapern-Öl bestreichen. Bei großer Hitze ca. 10 Minuten backen.

Der Universalsaft eignet sich auch zur Zubereitung eines schmackhaften Gröstls. In diesem Fall nicht mit Fleisch, wie man es in alpinen Regionen kennt und schätzt, sondern mit Fisch. Am Beispiel WALLERGRÖSTL: Kartoffeln kochen, schälen, in 1/2 cm dicke Scheiben schneiden, in Olivenöl braten. Wallerfilet in daumenbreite Tranchen schneiden, salzen, pfeffern und in Olivenöl beidseitig braten. Kartoffeln und Fisch zusammengeben, mit der Oliven-Kapern-Mischung kräftig beträufeln, mit Liebstöckel bestreuen.

Ähnlich universell einsetzbar ist eine kulinarische Miniatur aus dem südlichen Frankreich, CAVIAR D'AUBERGINE. Kaviar vom Fisch kommt dabei nicht vor; vielleicht leitet sich der Name vom Ausstreichen oder Auskratzen oder von der Farbe der Auberginen ab, das aber ist hier nicht so wichtig. Auberginen der Länge nach durchschneiden und im

Was zusammen wächst und auch in der Küche zusammengehört: Kapern & Oliven und die mediterranen Kräuter, von Rosmarin bis Salbei.

Backofen bei 200 °C braten, bis das Fruchtfleisch weich ist und sich mit einem Löffel aus der Schale schaben lässt. Auberginenfruchtfleisch mit geschnittenen schwarzen Oliven, Kapern, Tomaten und Knoblauch vermischen, in einer Pfanne am Herd nochmals ungefähr 5 Minuten schmoren und zu einem Püree mixen. Das passt auf Nudeln oder auf Artischockenböden. Wenn man dieses Püree auf gebratenes Brot gibt, erhält man eine spezielle Sorte von Bruschetta. Caviar d'Aubergine passt auch als Beilage zu Fisch und als Fülle in Tomaten.

Ebenso wie die folgende Paste, die ganz ähnlich zubereitet wird und eine wunderbare Gelegenheit für die Verwertung des Marks aus Artischockenblättern bietet; oft braucht man ja nur die Böden. Für ARTISCHOCKENCREME also große Artischocken kochen, Blätter abzupfen und ausschaben. Das so gewonnene Mark mit gehackten Oliven, Essigkapern und Rosmarin, Olivenöl, Zitronensaft, schwarzem Pfeffer und einem Hauch von gepresstem Knoblauch verrühren bzw. abschmecken.

Diese Artischockencreme und Caviar d'Aubergine könnte man übrigens auch in Pfefferschinken rollen und von den Rollen kleine Stücke schneiden. Und weil das dann von der Form recht bekannt aussieht, könnte man es als „SUSHI MÉDITERRANÉE" anbieten (Prosecco dazu oder Cava!).

Marinierte Makrelenfilets mit Kapern-Oliven-Tatar

Zutaten für 4 Portionen
Zubereitungsdauer ca. 2 1/2 Std.

Filets von 2 Makrelen
4 Sardellen
50 g Beinschinken
1 Karotte
1 kleine Zwiebel
Sauerampfer oder andere herbe Kräuter wie Löwenzahn oder Chicorée
50 g Salzkapern
50 g schwarze Oliven
Crème fraîche
scharfer Senf
Olivenöl
1 Lorbeerblatt
Senfkörner
Cayennepfeffer
Zucker
schwarze Pfefferkörner

1 Karotte und Zwiebel schälen und blättrig schneiden, in 1/4 l Wasser mit Zucker, 1/2 TL Senfkörnern, Lorbeerblatt und 1 TL gemahlenem Pfeffer aufkochen. Diesen Sud über die Makrelenfilets gießen. Gekühlt mindestens 2 Stunden ziehen lassen.
2 Kapern, Beinschinken, 1 EL Oliven und 1 EL Sardellen fein hacken, mit Cayennepfeffer und einem Schuss Olivenöl vermischen.
3 Dieses Tatar als Streifen auf 4 Teller geben. Darauf die marinierten Makrelenfilets legen.
4 Ca. 60 ml von der Marinade der Makrelen mit 1 TL Senf und 2 EL Crème fraîche mixen. Sauce über die Makrelenfilets ziehen.
5 Mit Sauerampfer, Kapern und entsteinten, geviertelten Oliven garnieren. Getoastetes Schwarzbrot dazu servieren.

Karfiol mit Oliven, Kapern und Ei

Zutaten für 4 Portionen
Zubereitungsdauer ca. 1/2 Std.

2 Karfiolköpfe (Blumenkohl)
50 g Kapern
100 g schwarze Oliven
Petersilie
2 Eier
Butter
100 g Semmelbrösel
evtl. Oliven- oder Kürbiskernöl
Salz

1 Vom Karfiol die Blätter entfernen. Röschen und Strunk in Stücke schneiden und in gesalzenem Wasser weich kochen.
2 Eier hart kochen, schälen und grob hacken.
3 Zwei EL Butter bis zum Aufschäumen erhitzen und die Semmelbrösel darin relativ trocken rösten. Kapern und entsteinte Oliven klein hacken. Petersilie fein schneiden (2 EL voll) und alles mit den Bröseln verrühren.
4 Karfiol aus dem Wasser heben und abtropfen lassen. Auf Teller geben und mit der Bröselmischung bestreuen. Eventuell noch mit Oliven- oder Kürbiskernöl beträufeln.

Sofortgenuss

Oliventatar aus der Vorratshaltung

Oliventatar aus Kapern, Oliven und Kräutern (wie im Rezept oben) kann man fertig kaufen und ganz leicht auf Vorrat zubereiten, indem man größere Mengen davon in der Küchenmaschine zu einer Paste mixt. Es passt auch auf geröstetes Baguette, das man als Beilage zu einem mit Petersilie, Olivenöl und Essig marinierten Karfiol servieren kann.

Waller mit Schmortomaten, Kapern und Oliven >

Zutaten für 4 Portionen
Zubereitungsdauer ca. 1/2 Std.

600 g Wallerfilet (mit Haut)
Olivenöl
schwarze Pfefferkörner
Salz

Für die Schmortomaten
4 kleine Rispen Strauchtomaten
1 EL Salzkapern
3 EL schwarze Oliven
Zitronensaft
Butter
Olivenöl
schwarzer Pfeffer
Salz

1 Wallerfilet schröpfen: Haut im Abstand von 1/2 cm einschneiden, aber nicht tief ins Fleisch schneiden. Fisch in 4 cm breite Stücke schneiden, auf der Hautseite mäßig salzen und mit grob gemahlenem Pfeffer würzen.
2 In einer Pfanne einen Schuss Olivenöl kräftig erhitzen. Fisch mit der Hautseite nach unten einlegen und braten, bis an der Oberfläche nur noch ein glasiger Punkt erkennbar ist; während des Bratens die Hitze reduzieren und die Pfanne abdecken.
3 Für die Schmortomaten Kapern kurz in Wasser legen. 2 EL Butter und einen Schuss Olivenöl erhitzen, Tomaten darin braten. Kapern aus dem Wasser nehmen. Kapern und Oliven zu den Tomaten geben. Ca. 4 Minuten schmoren. Mit Salz, Pfeffer und einem kräftigen Schuss Zitronensaft lebhaft säuerlich abschmecken.
4 Fisch auf Teller geben, mit Tomaten, Oliven und Kapern belegen. Den Saft der Schmortomaten dazugießen.

Auberginen-Oliven-Aufstrich

Zutaten für 8 Portionen
Zubereitungsdauer ca. 1/2 Std.

1 Aubergine
2 Tomaten
100 g Steinpilze
3 Knoblauchzehen
40 g Salzkapern
100 g schwarze Oliven
1/8 l Olivenöl
Honig
Tabasco
Salz

1 Aubergine klein schneiden und für 10 Minuten in kaltes Wasser legen. Wasser abgießen.
2 Tomaten blanchieren, kalt abschrecken, abziehen und entkernen. Pilze putzen und blättrig schneiden. Knoblauch abziehen.
3 Olivenöl erhitzen. Die vorbereiteten Zutaten, Kapern und entsteinte Oliven zugeben und zugedeckt 10 Minuten dünsten. Alles pürieren und mit Salz, Tabasco und einem Hauch Honig abschmecken. Paste in Gläser füllen und einige Tage gekühlt ziehen lassen.

Zum Beispiel auf gebratenem Weißbrot servieren: Scheiben vom Weißbrot mit Knoblauch einreiben und in einer Pfanne mit ein wenig heißem Olivenöl auf beiden Seiten braten. Der Aufstrich passt aber auch zu gebratener Seezunge oder als Sauce auf Nudeln.

Sommerlicher Lammrücken mit Kräutersalat, Tatar und Feldsalatcreme

Zutaten für 4 Portionen
Zubereitungsdauer ca. 40 Min.

Der ganze Sommer im Salat

Geschmacksbouquet vom Mittelmeer

Noch eine Salatcreme mit dem Touch von Urlaub und Mittelmeer: Junge Karotten feinblättrig schneiden, mit gehobelten Mandeln, Butter, ein wenig Wasser und einem Schuss Amaretto weich kochen. Mit dem Stabmixer zu einem sämigen Püree mixen. Mit Cayennepfeffer, Zitronensaft und Salz abschmecken. Auf Spinat oder junge Salatblätter geben. Mit Kapern, Oliven und den Kräutern des Mittelmeers von Salbei bis Basilikum bestreuen.

400 g Lammrücken
Knoblauch
Olivenöl
schwarzer Pfeffer
Salz

Für den Salat
2 Hand voll Sommersalate und Kräuter (z. B. Feldsalat, Brunnenkresse, Kopfsalat, Löwenzahn, Spitzwegerich, Schnittlauch, Kerbel, Basilikum, Melisse oder Sauerampfer)
1 Salatgurke
50 g Kapern
50 g schwarze Oliven

Für das Tatar
50 g schwarze Oliven
Rosmarin
Zitronensaft
Olivenöl

Für das Dressing
1 TL Estragonsenf
2 EL Estragonessig
1 Spritzer Worchestershiresauce
5 EL Olivenöl
1/2 TL Zucker
Saft von einer Zitrone
Zitronenthymian
Pfeffer
Salz

Für die Salatcreme
50 g Feldsalat
5 Blätter Sauerampfer
1 Knoblauchzehe
1 TL Kren (Meerrettich) aus dem Glas
1 EL Honig
1/8 l Crème fraîche
1 Spritzer Estragonessig
1 Spritzer Tabasco
Salz

1 Alle Zutaten für die Salatcreme pürieren.
2 Alle Zutaten für das Dressing verrühren.
3 Für das Tatar entsteinte Oliven mit ein wenig Rosmarin fein hacken, mit einem Schuss Olivenöl und einem Spritzer Zitronensaft verrühren.
4 Salate und Kräuter putzen, waschen und trocken schleudern bzw. abtropfen lassen.
5 Lammrücken in 4 gleich große Stücke schneiden. Mit Knoblauch einreiben, mit Pfeffer und Salz bestreuen und mit Olivenöl beträufeln. Fleisch mit der Seite ohne Haut in einer heißen Pfanne anbraten. Wenden und 5 bis 8 Minuten bei 220 °C im Backofen braten. Das Fleisch soll innen rosa bleiben. Lammrücken aus dem Backofen nehmen und ca. 10 Minuten ruhen lassen.
6 Gurke schälen, der Länge nach halbieren und eventuell entkernen. Gurke dickblättrig schneiden, in Salzwasser blanchieren und sofort in Eiswasser legen. Salate und Gurke mit Kapern, entsteinten Oliven und Dressing vermischen.
7 Fleisch auf Teller geben und Oliventatar darauf verteilen. Mit Salaten garnieren und mit Salatcreme servieren.

10 KÜRBIS & CURRY

MIT EINER PRISE ORIENT

Der Zauber des Orients ist vielfältig, wie man aus der Literatur weiß, und aus dem kulinarischen Blickwinkel betrachtet liegt er in der Vielfalt der Gewürze. Wer gleich ein halbes Dutzend oder mehr typisch orientalischer Aromen zwischen die Finger nehmen will, der greift zu Curry. Darin befinden sich vereinigt Muskatnuss und Gewürznelke, Chili und Kurkuma, Kardamom und Anis und je nach Herkunft noch andere und noch viel mehr. Dem dürfen keine Zutaten mit filigranem Geschmack in die Quere kommen, wenn sich am Ende ein harmonisches Gericht ergeben soll.

Als Nutztier für den Transport von wuchtigen Aromen wie die des Curry ist der Kürbis lobenswert und mit ihm die ganze Reihe der mürb kochenden Gemüsesorten, also auch Kartoffeln, Auberginen, Okra oder Hülsenfrüchte.

Kürbis & Curry funktioniert sehr gut „SÜSS-SAUER“. Man nimmt das als Beilage zu gegrilltem Fleisch, zu Pute, zu Schinken oder kaltem Braten. Daher macht man zur Saison gleich mehr davon. Man nehme also 2 kg entkernten und geschälten Muskatkürbis. Der ist für diesen Zweck der beste, weil er besonders mürb ist. Der Kürbis wird in Würfel von etwa 1 cm Kantenlänge geschnitten und gemeinsam mit der abgeriebenen Schale einer unbehandelten Orange, ca. 30 g feinblättrig geschnittenem Ingwer, schwarzen Pfefferkörnern, 1 TL Salz, 100 g Zucker, 2 TL Curry, Zimtrinde, Gewürznelken, vielleicht Safran und Kurkuma in 1 l kaltem Wasser aufgestellt, aufgekocht und ein paar Minuten geköchelt. Dann kommt ein kräftiger Schuss Weißweinessig hinzu und der Kürbis kochend heiß in Gläser. Dort hält er mindestens ein halbes Jahr.

Die Eigenschaft, dass Kürbis und besonders Muskat- oder Hokkaidokürbis leicht verkocht, macht ihn auch sehr interessant für Cremesuppen und Pürees. Suppe steht auf Seite 106, ein KÜRBISPÜREE könnte man als Fülle für Nudelteig verwenden: 6 cl Amaretto oder Campari mit 2 TL Zucker, 1/2 TL geschnittenem Ingwer, einer kräftigen Prise Curry, 60 ml Orangensaft und – falls man milden Curry in Verwendung hat – einer Prise Cayennepfeffer kräftig einkochen. So lang, bis der Zucker fast karamellisiert. 200 g in kleine Würfel geschnittenen Kürbis und 1 EL Butter zugeben und zugedeckt schmoren, bis der Kürbis zerfällt. Kräftig durchrühren, damit ein Püree entsteht, der Einsatz des Stabmixers sollte entbehrlich sein. Wenn die Masse recht flüssig ist, hilft die Zugabe von ein wenig Kokosraspel. Die sind geschmacklich statthaft und binden Feuchtigkeit. Diese Masse in Nudelteig zu füllen, wäre ein ambitionierter zweiter Schritt in Richtung KÜRBISRAVIOLI. Das Püree aber einfach mit Nudeln zu vermischen, hat kulinarisch auch viel Sinn.

Für Curry im weiteren Sinn – nämlich das Gericht, nicht das Gewürz – eignet sich Kürbis auch sehr gut. Für HÜHNERCURRY ein Huhn in 6 oder 8 Teile teilen und in Pflanzenöl anbraten. Fleisch aus dem Topf heben. Grob geschnittenes Gemüse wie Fenchel, Karotten und Zwiebeln im selben Topf anbraten. Mit Knoblauch, Curry und Kreuzkümmel würzen. Einen kräftigen Schuss Kokosmilch und so viel Hühnerfond zugießen, dass das Gemüse fast bedeckt ist. Huhn zugeben und etwa 20 Minuten schmoren. In Würfel geschnittenen Kürbis dazugeben und nochmals 10 Minuten schmoren. Wer es feuriger haben will, schmeckt mit Chili oder einer Chilipaste à la Sambal Oelek ab. Wer das Curry duftiger möchte, nimmt Safranfäden.

Orientalisch gewürztes Lammragout mit Kürbis

Zutaten für 6 – 10 Portionen
Zubereitungsdauer ca. 1 1/2 Std.

1,5 kg Lammschulter (ohne Knochen)
250 g Hokkaidokürbis
10 Schalotten
3 Knoblauchzehen
5 getrocknete Tomaten (in Öl eingelegt)
4 getrocknete Limetten
getrocknete Steinpilze
1 kl. Bund Minze
0,75 l süßer Wein
Honig
Olivenöl
Sesamöl
Sojasauce (dünnflüssig)
Tabasco
Curry (am besten Madras-Curry, also eine recht lebhafte, mäßig scharfe Sorte)
Kurkuma
Vanilleschoten
Gewürznelken
1 kl. Zimtstange
Kreuzkümmel
Safranfäden
Maisstärkemehl
Pfeffer
Salz

1 Fleisch in Würfel von ca. 2 cm Kantenlänge schneiden.
2 In einem Schmortopf 1/8 l Olivenöl und 2 EL Sesamöl erhitzen. Fleisch darin anbraten, salzen und pfeffern, zugedeckt 5 Minuten schmoren.
3 Schalotten abziehen und in Spalten schneiden. Tomaten in Streifen schneiden. Limetten mit einem spitzen Messer mehrfach anstechen. Alles zum Fleisch geben. Außerdem gepressten Knoblauch, ein paar getrocknete Steinpilze, 2 EL Curry, 1 TL Kurkuma, 2 EL Honig, 3 der Länge nach aufgeschnittene Vanilleschoten, 4 Gewürznelken, eine Zimtstange, je 1 Msp. gemahlenen Kreuzkümmel und gemahlene Safranfäden, einige Spritzer Tabasco, 4 EL dünnflüssige Sojasauce und Minze (diese gebunden, damit sie nach dem Kochen leicht entfernt werden kann). Mit Wein aufgießen. So viel Wasser zugießen, dass das Fleisch bedeckt ist. Zugedeckt bei geringer Hitze 30 Minuten leise kochen lassen.
4 Geschälten Kürbis in Würfel schneiden und in das Ragout rühren. Weiter kochen lassen, bis das Fleisch weich ist; das dauert noch ca. 20 Minuten. Etwas Maisstärkemehl mit Wasser glatt rühren und so viel zugießen, dass sich eine mäßige Bindung ergibt. Ragout mit Salz und Pfeffer abschmecken. Minze entfernen.

Zur Bereicherung des Gerichts kann man noch Nudeln dazugeben. Dafür pro Portion 40 g Hartweizennudeln in reichlich gesalzenem Wasser bissfest kochen, in Olivenöl schwenken. Mit dem Ragout auf Teller geben. Jedenfalls das Ragout mit Kräutern wie Minze, Zitronenkraut, Basilikum, Bärlauch oder Kresse bestreuen.

PUTENBRATEN MIT GEBRATENEM KÜRBIS

>

Zutaten für 4 Portionen
Zubereitungsdauer ca. 1 Std.

800 g Putenbrust
300 g Muskatkürbis (in zwei Spalten)
1 unbehandelte Limette oder Zitrone
1 kl. Bund Minze
250 g Sahne
125 g Joghurt
Erdnussöl
Curry
Cayennepfeffer
Kurkuma
Sternanis
Gewürznelken
schwarze Pfefferkörner
Salz

1 Kürbisspalten entkernen. Im Ganzen und mit der Schale in einen Schmortopf geben. Putenfleisch dazugeben. Mit Curry, Cayennepfeffer, Kurkuma, einem Sternanis, 2 Gewürznelken, 1 TL gemahlenem Pfeffer und Salz bestreuen, mit 4 EL Erdnussöl beträufeln. Fleisch und Kürbis in dieser Mischung wenden und damit einreiben.
2 Sahne, Joghurt und 1/8 l Wasser verrühren und über Fleisch und Kürbis gießen. Limette oder Zitrone halbieren, zusammen mit der Minze dazugeben, dabei einige Minzblätter zum Dekorieren beiseite legen. Im Backofen bei 220 °C ca. 25 Minuten schmoren.
3 Fleisch und Kürbis aus dem Topf heben. Schale vom Kürbis schneiden. Fleisch und Kürbis in mundgerechte Stücke schneiden, auf Tellern anrichten und mit Bratensaft überziehen. Mit Minze dekorieren.

KÜRBISSUPPE

Zutaten für 4 Portionen
Zubereitungsdauer ca. 1/2 Std.

150 g Kürbisfleisch
1/2 Zwiebel
2 Knoblauchzehen
Ingwer
30 g Bergkäse
1 l Hühnerbrühe
250 g Sahne
Butter
Curry
Pfeffer
Salz

1 Zwei EL Butter mit dem abgezogenen Knoblauch erhitzen. Zwiebel fein schneiden und einrühren.
2 Kürbis in Stücke schneiden. Ingwer fein schneiden (1 TL voll). Kürbis, Ingwer und 1 TL Curry einrühren. Kürbis zugedeckt ca. fünf Minuten dünsten.
3 Sahne und Brühe zugießen. Aufkochen und noch weitere fünf Minuten kochen lassen.
4 Käse reiben und gemeinsam mit 4 EL Butter zugeben. Alles mit dem Pürierstab mixen. Mit Salz und Pfeffer abschmecken.

ALS EINLAGE PASSEN

Muscheln Rohe Austern oder Miesmuscheln in Teller geben, mit der heißen Suppe aufgießen.
Krustentiere Krebse, Taschenkrebse, Hummer oder Langusten kochen, Fleisch ausbrechen, in mundgerechten Stücken in Teller geben und mit der heißen Suppe aufgießen.
Blutwurst Daumendicke Scheiben (ohne Haut) von einer festen Blutwurst (wenig Speckstücke, großer Brotanteil) in wenig Schmalz anbraten, im Backofen bei 220 °C durchwärmen.

II PILZE & NUDELN

SCHNELLVERBINDUNG

Gewaltig ist der Beitrag Italiens zum Kulturerbe der Menschheit. Auch wenn man es auf den kulinarischen Bereich begrenzt, bleibt eine Menge übrig. Allen voran die Entwicklung von Pasta und Pizza und deren großflächige Verbreitung über den Planeten.

Pasta ist unser Thema, und wenn wir die Harmonie von Pilzen und Nudeln bedenken, dann finden wir ihren eigentlichen Ursprung in der glücklichen Verbindung von Nudeln und Sauce. Fett fördert den Geschmack, gleichgültig ob es sich um Sahne, Butter oder Öle handelt. Mit allen dreien lassen sich ganz schnell wunderbare Pilzgerichte zubereiten – Nudeln, ein paar Pilze, ein paar Kräuter: Das sind die Zutaten für leckere Gerichte, die fast so schnell zubereitet sind wie Industrie-entseelte Convenience-Ernährungsmittel.

Die Morchel ist ein Paradebeispiel für die Notwendigkeit von Fett zum Pilz und die Synergie der beiden mit den Nudeln. Trocken gebratene MORCHELN können niemals so viel Freude machen wie Morcheln in einer Sahnesauce oder mit viel Butter. Und abgesehen von Sahne oder Butter (eventuell auch Mascarpone, der bezüglich des Fettgehalts zwischen den beiden liegt) tut der Morchel ein Hauch von Knoblauch gut sowie – im Sinne der Veredelung eines teuren Produkts durch ein noch teureres – ein Schuss Cognac oder Armagnac.

Zu volksnäheren Pilzen, denn Morchel ist sehr elitär. Man nehme STEINPILZE und schneide sie feinblättrig. Dicker geschnitten sehen die Pilze zwar nach mehr aus, geben aber weniger Aroma. Man brate sie in Butter mit einem Hauch von Knoblauch und Kräutern wie Liebstöckel oder Petersilie. Man brate und dünste und brate sie so lang, bis die austretende Flüssigkeit verdampft ist, dann nämlich ist die volle Geschmackskonzen-

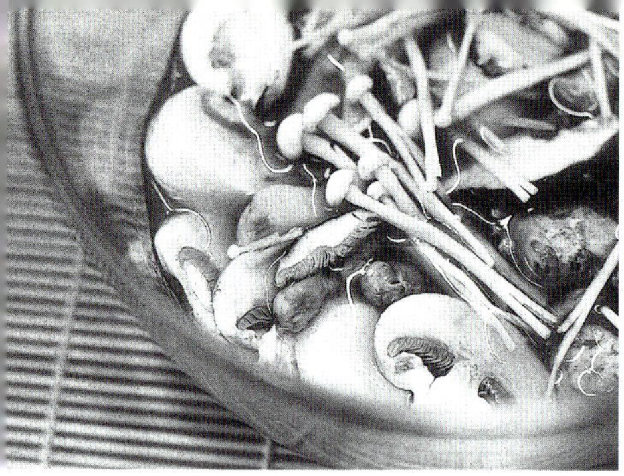

Wie gewachsen, wie erbeutet, wie am Markt gefunden: Pilze aller Arten vertragen sich vorzüglich und besonders gut mit Nudeln.

tration gegeben, man riecht das auch. Jetzt erst wird ein reichlicher Schuss Sahne dazugegossen. Danach wird kaum mehr eingekocht, wenn man eine Sahnesauce von breiigdicker Konsistenz verhindern will. Als Würze genügen Salz und schwarzer Pfeffer, wobei zu beachten ist, dass Salz auch von den Nudeln kommt, die frisch aus dem reichlich gesalzenen Kochwasser zu den Pilzen gegeben werden sollten. Einmal durchrühren, Deckel drauf und ohne Hitze ziehen lassen, denn so gehen die Nudeln mit der Sauce die innigste Verbindung ein. Zur Vollendung kann man noch Kräuter auf die Nudeln streuen oder ein wenig frisch geriebenen Parmesan.

Mit den allermeisten anderen Pilzen kann natürlich ebenso verfahren werden, ein paar spezielle animieren jedoch zur Variation des Grundrezepts.

Beispielsweise leiten AUSTERNPILZE mit ihrem zarten Anisgeschmack die Gedanken in südländische Gefilde und inspirieren zur Kombination mit den ätherisch duftenden Kräutern des Mittelmeers. Das macht auch die Verbindung mit Tomaten nahe liegend.

Vielleicht auf diese Weise? Ein paar Knoblauchzehen blättrig schneiden, ein wenig Rosmarin hacken, Rosmarin und Knoblauch in Olivenöl anbraten. In reichlich Olivenöl, denn das ist schon ein guter Teil des Saftes – man wage 1/8 l für 4 Portionen. Die Zugabe von einer Prise Zucker macht den Knoblauch süßlich, was er ja auch wird, wenn man ihn braun brät. Dann kommen in Streifen geschnittene Austernpilze hinzu. Ohne Stiele und in Richtung der Lamellen geschnitten, sonst geraten sie gern ein wenig zäh. Einmal kräftig rösten, dann Tomaten dazugeben (diese geschält und klein geschnitten). Der hochkultivierte Koch wird also die Tomaten zuvor kreuzweise eingeritzt und blanchiert haben. Der leicht enthemmte aber schneidet sie in Spalten, drückt diese am Schneidbrett flach und schneidet die Tomatenschale mit flacher, scharfer Klinge weg. Sobald die Sache heiß ist, kommt klein geschnittenes Kräuterallerlei dazu, Salz und Pfeffer natürlich auch, und – Gipfel der Verwegenheit, aber nur wenn man's mag – ein paar klein geschnittene Sardellen.

Fernöstlich funktioniert die Harmonie von Pilz & Nudel natürlich auch. Derart gelaunt könnte man SHIITAKE-PILZE feinblättrig schneiden und gemeinsam mit Reiswein, Gewürztraminer oder anderem schmackhaften Wein, Sojasauce und/oder Pilzsojasauce, gehacktem Ingwer und Zitronengras und einer guten Prise Zucker kochen. Am Anfang gibt man so viel Flüssigkeit, dass die Pilze gut bedeckt sind, am Ende sollte die Sache immer noch ein wenig flüssig sein. Diese Pilzreduktion schmeckt am besten mit eher weich gekochten Nudeln in der Art von Makkaroni oder Pappardelle.

Wer das einfachste aller Nudel-Pilz-Gerichte zubereiten will, der blicke ein letztes Mal nach Italien, genauer ins Piemont. Die besten Aussichten bestehen im späten Herbst und frühen Winter. Man nehme Tagliatelle, gar nicht so sehr al dente. Man schwenke sie im besten aller denkbaren Olivenöle. Man hoble WEISSE TRÜFFEL darüber. Basta!
Noch nicht genug?
Man übergieße alles mit heißer Butter, leicht gesalzen.
Noch immer nicht spektakulär genug für den Glücksfall einer weißen Trüffel?
Man arrangiere die Tagliatelle als hübsches Nest am Teller und setze in die Mitte ein weich gekochtes und geschältes Ei (3 Minuten Garzeit sind genug). Darüber weiße Trüffel hobeln.
Das sollte aber wirklich reichen!

Eierschwammerl mit Pesto und Tagliatelle

Zutaten für 4 Portionen
Zubereitungsdauer ca. 20 Min.

500 g Eierschwammerl (Pfifferlinge)
2 Schalotten
1 Knoblauchzehe
60 g Pesto
Basilikum
300 g dünne Tagliatelle
Olivenöl
gemahlener Kümmel
schwarze Pfefferkörner
Salz

1 Tagliatelle in gesalzenem Wasser bissfest kochen.
2 Pilze putzen und in mundgerechte Stücke schneiden. Schalotten und Knoblauch klein schneiden und in Öl anschwitzen. Pilze zugeben und bei kräftiger Hitze braten, bis die austretende Flüssigkeit verdampft ist. Mit grob gemahlenem Pfeffer und einem Hauch Kümmel würzen. Pesto einrühren.
3 Pilze mit den Nudeln vermischen, mit Basilikum bestreut servieren.

Lasagne mit Mozzarella und Steinpilzen

Zutaten für 6 Portionen
Zubereitungsdauer ca. 40 Min.

500 g Steinpilze
4 Schalotten
3 Knoblauchzehen
Basilikum
100 ml Tomatenstückchen
(selbst gemacht oder aus der Dose)
ca. 10 Lasagneblätter
300 g Büffelmozzarella
ca. 50 g Parmesan
Olivenöl
Butter
Pfeffer
Salz

1 Lasagneblätter in gesalzenem Wasser bissfest kochen. Aus dem Wasser heben und gut abtropfen lassen.
2 Pilze dickblättrig schneiden. Schalotten und Knoblauch klein schneiden und in Butter anbraten. Pilze zugeben und bei starker Hitze braten, bis die Pilze kein Wasser mehr verlieren. Mit Salz und Pfeffer abschmecken.
3 Mozzarella in ca. 5 mm dicke Scheiben schneiden. Eine Auflaufform mit Butter ausstreichen und mit Lasagneblättern auslegen. Darauf Basilikumblätter und dicht an dicht Mozzarella legen. Darauf die Tomatenstückchen verteilen. Mit Lasagneblättern abdecken. Es folgen eine Schicht Mozzarella, die Pilze, Basilikumblätter und eine Schicht Lasagneblätter.
4 Butter schmelzen, Lasagne damit bestreichen, mit grob geriebenem Parmesan deckend bestreuen. Lasagne im Backofen bei 200 °C ca. 25 Minuten backen.
5 Am besten bei Tisch in Stücke schneiden und auf Teller geben. Großzügig mit Olivenöl beträufeln.

Was Sie nicht erwarten sollten

Erwarten Sie keine schnittfeste Lasagne! Dieses Rezept ergibt ein lockeres Schichtgebilde mit wenig Zusammenhalt, aber viel Geschmack.

Kartoffelnudeln mit Champignonrahm

Zutaten für 8 Portionen
Zubereitungsdauer ca. 1 Std.

Für den Nudelteig
1 kg mehlige Kartoffeln
100 g griffiges Mehl (oder Spezialmehl für Hefe- oder Nudelteige)
50 g Weizengrieß
50 g Kartoffelstärkemehl
50 g Butter
2 Eigelb
Muskatnuss
Salz

Für den Champignonrahm
250 g Champignons
2 Schalotten
2 Knoblauchzehen
Kräuter wie Sauerampfer oder Basilikum
Parmesan
500 g Sahne
1/4 l Milch
Pfeffer
Salz

1 Kartoffeln kochen, schälen und noch warm durch die Kartoffelpresse drücken. Mit den restlichen Zutaten zu einem Teig kneten. Diesen in kleine Stücke schneiden und zu etwa fingerlangen „Nudeln" wälzen.
2 Kartoffelnudeln in einem großen Topf in viel Salzwasser kochen, bis die Nudeln an die Oberfläche steigen.
3 Für den Champignonrahm die Champignons putzen und fein hacken. Schalotten schälen und fein hacken. Beides mit Sahne, Milch, Salz, Pfeffer und gepresstem Knoblauch würzen, ca. 10 Minuten leise kochen lassen.
4 Kartoffelnudeln gut mit dieser Sauce mischen. Kräuter klein schneiden und einrühren. Mit grob geriebenem Parmesan bestreut servieren.

Auf der Suche nach dem verlorenen Geschmack
Zur Ehrenrettung der Champignons
Wie so viele Gemüse- und Zuchtpilzsorten erweisen sich heute auch Champignons häufig recht geschmacksarm. Beim Kochen in Sahne kann man aber erstaunlich viel Aroma aus den Pilzen holen. Wer dem noch ein wenig nachhelfen will, würzt mit einem Mehl von getrockneten Steinpilzen (selbst herzustellen mit Hilfe einer Küchenmaschine).

Wie man mehr draus macht
Zum Beispiel Forellenstrudel
1 Forellenfilet klein schneiden, mit 250 g Sahne, einem Ei, Salz, Pfeffer und Zitronensaft (alles gut gekühlt) in einer Küchenmaschine zur Farce aufschlagen. Gebutterte Förmchen mit Strudelteig auslegen, schichtweise Forellenfarce, Champignonpüree (wie Champignonrahm, nur dick gekocht), ganze Forellenfiletstücke, nochmals Püree und Farce einlegen. Strudelteig darüber schlagen. Bei 220 °C ca. 12 Minuten backen.

Morchellasagne

Zutaten für 4 Portionen
Zubereitungsdauer ca. 1 1/2 Std.

400 g Morcheln
Basilikum und andere Kräuter (Majoran, Kerbel …)
80 g Parmesan
Butter
Olivenöl
Pfeffer
Salz

Für die Pilzsauce
getrocknete Steinpilze
2 Schalotten
Hühnerbrühe
250 g Sahne
Butter
evtl. ein Stück Schinkenschwarte
Maisstärkemehl
Pfeffer
Salz

Für die Béchamelsauce
2 EL Butter
1/4 l Milch
2 EL Mehl
Muskatnuss
Salz

Für den Nudelteig
250 g Hartweizengrieß
50 g griffiges Mehl (oder Spezialmehl für Hefe- oder Nudelteige)
3 Eier
3 Eigelb
2 EL Olivenöl
Salz

1 Alle Zutaten für den Nudelteig verkneten. Teig dünn ausrollen, mit einer runden Form von ca. 8 cm Durchmesser 12 Blätter ausstechen.
2 Von den Morcheln die Stiele abschneiden. Morcheln halbieren und in kaltem Wasser waschen. Morcheln auf ein Tuch legen und trocken tupfen.
3 Für die Sauce blättrig geschnittene Schalotten, einige getrocknete Steinpilze, die Stiele der Morcheln, Sahne und einen Schuss Hühnerbrühe ca. 15 Minuten leise kochen lassen; gut schmeckt es auch, wenn man ein Stück Schinkenschwarte mitkocht. Etwas Maisstärkemehl mit wenig kaltem Wasser glatt rühren und so viel in die Sauce rühren, dass sich eine leichte Bindung ergibt. Sauce durch ein Sieb gießen. Unter Zugabe von ein wenig Butter schaumig mixen. Mit Salz und Pfeffer abschmecken.
4 In einer Pfanne 2 EL Butter erhitzen, Morcheln darin braten. Fein geschnittene Kräuter einrühren.
5 Für die Béchamelsauce Butter erhitzen. Mehl darin anschwitzen, mit Milch aufgießen, bis zu cremiger Konsistenz kochen lassen. Mit Salz und geriebener Muskatnuss würzen.
6 Vier ofenfeste Auflaufförmchen von 8 cm Durchmesser mit Butter ausstreichen. In jede Form ein wenig Olivenöl träufeln und 2 Basilikumblätter legen. 1 EL Béchamelsauce und Morcheln darauf geben, mit einem Nudelblatt bedecken, noch einmal Béchamel und Morcheln in die Formen geben, mit Nudelteig abdecken.
7 Lasagne mit Butter bestreichen und mit geriebenem Parmesan bestreuen. Im Backofen bei 220 °C ca. 10 Minuten backen.
8 Lasagne ein wenig ruhen lassen, auf Teller stürzen und mit der Pilzsauce überziehen.

12 SOJA & INGWER

Zwei wie Salz und Pfeffer

In ihrer dünnflüssigen Form ersetzt die Sojasauce das Salz in unzähligen fernöstlichen Gerichten. Der Ingwer bringt die Schärfe. Eine blumigere als die des Pfeffers und ganz markant für viele Küchen Asiens.

Ganz im Sinne der fernöstlichen Geschmacksanreicherung und im Streben nach exotischer Aromavielfalt könnte man mit Soja & Ingwer eine WÜRZSAUCE zubereiten und auf Vorrat legen: 1/4 l Reiswein, 1/8 l dünnflüssige Sojasauce, 3 EL Zucker, eine halbe Zwiebel, ein feinblättrig geschnittenes Stück Ingwer von ca. 5 cm Länge, 3 Knoblauchzehen, eine Chilischote oder 1 TL Sambal Oelek und einen blättrig geschnittenen Stängel Zitronengras so lang kochen, bis die Flüssigkeit auf die Hälfte der ursprünglichen Menge reduziert ist. Danach durch ein Sieb gießen.

Dieser Saft passt zum Beispiel zum gedämpften Fisch, etwa einem mit Zitronenkraut oder Thai-Basilikum gedämpften Karpfenfilet oder zu FORELLE auf diese Art: Forellenfilet in zwei Finger breite Stücke schneiden, mit Erdnussöl und ein paar Tropfen Sesamöl beträufeln und mit der Haut nach oben liegend dämpfen. Dazu kommt die Soja-Ingwer-Sauce und zusätzlich Salat. Vielleicht dieser: Herzen vom Kopfsalat vierteln, mit Sojasprossen und Koriandergrün vermischen. Mit Zitronensaft, Salz und Pfeffer marinieren.

Diese Sauce mit kurz gekochten Glasnudeln vermischen, und schon hat man ein schmackhaftes Gericht.

Für rustikalere Zwecke könnte man sie noch variieren. Sauce wie oben beschrieben zubereiten, jedoch Ingwer und Zitronengras fein hacken und zusätzlich ein paar klein geschnittene getrocknete Marillen und feinblättrig geschnittene Shiitake-Pilze in den Saucenansatz geben. Nach dem Kochen nicht abseihen, denn mit allen Ingredienzien ist dieses Sößchen ein geschmacksdichter Saft, der auch kraftvolle Partner begleiten kann, so in der Art von gebratenen Schweinemedaillons mit Sesam und reichlich Knoblauch.

Zur süß-sauren Variation beginnt man die Zubereitung der Sauce durch Karamellisieren von Zucker, löscht mit kraftvollem Rotwein und Fruchtessig ab und verfährt weiter wie beschrieben. In dieser Version passt die Sauce auch ganz gut zu gebratener Entenbrust.

Zum Ausklang dieser Einstimmung: Soja & Ingwer in der Anwendung einer SUPPE.
4 Frühlingszwiebeln in 3 cm lange Stücke schneiden. 1 Stück Ingwer von 2 cm Länge fein hacken. 5 Knoblauchzehen schälen. Eine Karotte schälen und in feine Streifen schneiden. Einen kleinen Mangold oder Pak Choi in breite Streifen schneiden. 200 g eines passenden Fischfilets (vom Flussbarsch, Wolfsbarsch und Zackenbarsch bis zum Zander) in Würfel schneiden. Knoblauch und Ingwer in ein paar Tropfen Sesamöl braten, 1 TL Zucker und Karottenstreifen zugeben, kurz und kräftig braten. Fisch und einen kräftigen Schuss Sojasauce dazugeben, vielleicht auch einen Schuss Oystersauce. Mit 1 l Wasser aufgießen und aufkochen. Mangold oder Pak Choi und eine Hand voll Sojasprossen einrühren. Mit Chilipaste wie Sambal Oelek und Kräutern wie Petersilie, Schnittlauch und Koriandergrün abschmecken. Wenn die Suppe nicht nur Geschmack, sondern auch Brennwert haben soll: gekochte Nudeln dazugeben.

Kalbszüngerl mit Pilzen und Auberginen

Zutaten für 4 Portionen
Zubereitungsdauer ca. 2 1/2 Std.

2 Kalbszungen
250 g Austernpilze
1 kl. Aubergine
50 g Sojasprossen
1/2 Zimtstange
3 Knoblauchzehen
Ingwer
Gewürznelken
1 Lorbeerblatt
getrocknete Steinpilze
Reiswein
Sojasauce (dünnflüssig)
Erdnussöl
Tapiokamehl
Salz

1 Kalbszungen mit Zimt, 2 Gewürznelken, Lorbeerblatt, einigen getrockneten Steinpilzen und Salz in kaltem Wasser aufsetzen, aufkochen und ca. 2 Stunden sieden. Die Zungen sind ausreichend gegart, wenn die Spitze weich ist.
2 Zungen in kaltes Wasser legen. Ca. 1/4 l vom Fond aufkochen und durch Einkochen von ein wenig in Wasser angerührtem Tapiokamehl leicht binden.
3 Haut der Zungen abziehen und die dunklen, schwammigen Stellen am Zungengrund sauber wegschneiden.
4 Knoblauch abziehen und blättrig schneiden. Austernpilze in Richtung der Lamellen in Streifen schneiden. Einen Schuss Erdnussöl mit Knoblauch stark erhitzen. Pilze kurz rösten und mit je einem Schuss Reiswein und Sojasauce ablöschen.
5 Ingwer hacken (1 TL voll). Ingwer und Sojasprossen zu den Pilzen geben. Einen Schuss vom eingedickten Fond zugießen.
6 Aubergine in 8 dünne Blätter schneiden, beidseitig ohne Fett braten. Nach dem Wenden leicht salzen.
7 Auberginenblätter in Teller legen. Pilze darauf geben. Kalbszüngerl in fingerdicke Scheiben schneiden. Im Fond erwärmen und auf die Pilze setzen.

Vielfalt der Sojasaucen
Was Sie wirklich brauchen
Dünnflüssige Sojasauce als universelles Würzmittel. Dicke Sojasauce nach indonesischer Art für alles Süßsaure. Pilz-Sojasauce für Pilzgerichte und Spezialeffekte bei Fisch und Fleisch.

Frittierte Kabeljau-Gemüse-Rolle mit Sojasalat

Zutaten für 8 Rollen
Zubereitungsdauer ca. 3/4 Std.

300 g Kabeljaufilet
3 Frühlingszwiebeln
2 Karotten
1 Stange Sellerie
1 Zwiebel
3 Knoblauchzehen
Zitronengras
Ingwer
8 Frühlingsrollenblätter (Fertigprodukt aus dem Asialaden)
Glasnudeln
Sojasauce
Sesamöl
Hot-Chili-Öl
Erdnussöl
Pflanzenöl
Curry
Kreuzkümmel

Für den Salat
100 g junges Weißkraut
100 g Sojabohnensprossen
6 EL Sojasauce
4 EL Erdnussöl
1 TL Sesamöl
1 TL Zitronensaft

1 Gemüse klein schneiden, ebenso den Ingwer (1 TL voll) und einen halben Stängel Zitronengras, oder alles in einer Küchenmaschine zerkleinern. Gemüse in 4 EL Erdnussöl so lange rösten, bis es recht trocken ist.
2 Fisch klein schneiden, zum Gemüse geben und alles so lange weiterrösten, bis der Fisch ausreichend gegart ist. Einige rohe Glasnudeln klein brechen und zugeben; die Nudeln saugen den Saft auf, die Rollen werden knuspriger.
3 Gemüse-Fisch-Mischung mit Sojasauce, Hot-Chili-Öl, Curry, Kreuzkümmel und Sesamöl abschmecken. Masse auskühlen lassen.
4 Teig ausbreiten und mit lauwarmem Wasser bestreichen. Fülle jeweils auf das obere Drittel des Teigs legen, Teig einmal über die Fülle schlagen und Fülle straff in den Teig ziehen. Seiten des Teigs einschlagen, Rollen drehen. Mit einem Tuch bedeckt können die Rollen so gut eine Stunde bereitgehalten werden.
5 Weißkraut sehr fein schneiden oder hobeln. Mit den übrigen Salatzutaten vermischen.
6 Rollen in heißem Pflanzenfett knusprig braten, trocken tupfen und auf den Salat setzen.

Karpfen mit Ingwer-Chinakohl

>

Zutaten für 4 Portionen
Zubereitungsdauer ca. 1 Std.

1 Karpfen (ca. 1 kg)
1 kl. Chinakohl
1/8 l Reiswein
1/8 l Sojasauce (dünnflüssig)
60 ml Erdnussöl
2 TL Sesamöl
1 kl. Bund Koriandergrün

Für die Kräuterpaste
1 kl. Bund Petersilie
2 Knoblauchzehen
Ingwer
Zitronengras
2 EL Semmelbrösel
4 EL Butter

1 Für die Kräuterpaste zimmerwarme Butter mit fein gehacktem Knoblauch, gehackter Petersilie (4 EL voll), fein gehacktem Ingwer und Zitronengras (jeweils 1 TL voll) und Semmelbröseln zu einer Paste verrühren.
2 In eine ofenfeste Form eine Tasse stellen. Karpfen waschen und so auf die Tasse stellen, dass er aufrecht stehen bleibt. Karpfen mit der Kräuterpaste einstreichen.
3 Reiswein, Sojasauce, Erdnussöl und Sesamöl zugießen. Koriandergrün locker dazustreuen. Karpfen im Backofen bei 220 °C etwa eine halbe Stunde garen.
4 Chinakohl längs in Viertel schneiden und neben den Karpfen legen. Karpfen und Chinakohl noch 10 Minuten garen.
5 Karpfen am besten bei Tisch tranchieren: Am Rücken einritzen und die Filets links und rechts von den Gräten lösen. Mit dem Saft und Chinakohl auf Teller geben.

Karpfen mit Ingwer-Chinakohl

– Rezept auf Seite 119 –

13 APFEL & LEBER

SYNERGIE AUS OPULENZ UND FRUCHTIGKEIT

Was gleichzeitig reif ist, kommt gemeinsam in den Topf oder in die Pfanne. Das ist ein kulinarisches Naturgesetz mit regional verschiedener Wirkung. Ungarn oder der Südwesten Frankreichs sind Gänseleberland. Die Saison der Gänse ist der Herbst, und der ist auch die Zeit der Äpfel. Äpfel gibt es da wie dort in Fülle, und Leber & Äpfel ergänzen einander in ihrer Süße und der opulenten Fülle des Geschmacks vorzüglich.

Opulenter als Gänseleber geht kaum. Auf klassische Art zu Terrine verarbeitet, kommen Cognac oder Armagnac dazu, Rosinen oder Dörrpflaumen, der Apfel wird gern als Beilage gebraucht. Auf die folgende Weise aber wird der Apfel neben der GÄNSELEBER zum kongenialen zweiten Hauptdarsteller: Dicke Tranchen von der Gänseleber beidseitig und scharf in Öl braten, mit Calvados ablöschen (es kann auch anderer Apfelschnaps sein), Bratapfel dazu servieren.

Die Äpfel seien jedenfalls mürb und süß, denn weder Säure noch Zutaten von harter Konsistenz sind gute Partner für die Leber. Schmelzend weich soll die Leber durch die Zubereitung werden, was mitunter zu den größeren Kunststücken des Küchenhandwerks zählt. Eine probate Methode dazu ist das Einsalzen der Leber, wie es auf der nächsten Seite beschrieben wird, eine andere das sanfte Schmurgeln in viel Butter.

Beispielsweise KALBSLEBER. In Scheiben geschnitten und in viel Butter eher gar gezogen als gebraten, ist sie schon der erste Baustein für ein einfaches und einfach wunderbares Apfel-Leber-Gericht. Gesalzen wird natürlich zum Schluss, denn Salz zieht Wasser, daher Saft, das kann man in diesem Zubereitungsstadium gar nicht brauchen. Gewürzt wird überdies mit schwarzem Pfeffer, grob gemahlen oder nur zerdrückt, denn ein gelegentlicher und leichter Stich von Pfefferschärfe ist in diesem Geschmacksgehege voll buttriger Molligkeit nur angenehm. Kräuter könnte man noch darüber streuen, wie frischen Thymian oder Oregano, um bei den mediterranen Stilmitteln zu verbleiben. Dazu gibt's Safranäpfel oder Apfelmus oder Apfelkompott oder – Südwestfrankreich! – gedünstete Äpfel mit ein wenig Lavendel und/oder Thymian darauf und einem Faden guten Honig darüber.

Rustikalere Gerichte wie geröstete oder gebackene Schweineleber brauchen freilich deftigere Beilagen. APFEL-KRAUT-SALAT könnte passend sein: Weißkraut fein schneiden oder hobeln. Kleinwürfelig geschnittenen Speck braten, Speck und Fett über das Kraut gießen. Für die Marinade Apfelessig und Wasser zu gleichen Teilen mit jeweils einer Prise Kümmel, Salz und Zucker aufkochen. Diese Marinade über das Kraut gießen, reichlich geriebenen Apfel unterheben. Die für das Backen vorgesehene Leber könnte man übrigens in Schwarzbrotbröseln panieren, das macht die Hülle knuspriger und bringt zusätzlich einen passenden Geschmack.

Und was ist zu tun, wenn einem so exotische Leber wie LAMM- ODER KANINCHENLEBER in die Hände fällt? An den sonnigen Süden denken und Leber bei milder Hitze in bestem Olivenöl braten. Einen Zweig Rosmarin und einen Schuss süßen Wein dazugeben, zum Beispiel „natursüßen", schweren Wein aus dem Banyul oder Maury, das macht die Sache gehaltvoll. Blättrig geschnittene Äpfel mitbraten. Zum Schluss noch ein paar Salzkapern einstreuen, von wegen der Geschmacksbelebung. Und wer sich traut, gibt auch ein paar Ölsardinen in die Pfanne.

Kalbsleber mit Safranäpfeln

Zutaten für 4 Portionen
Zubereitungsdauer ca. 1/2 Std.

500 g Kalbsleber
(enthäutet und geputzt)
3 Äpfel (am besten
Cox Orange oder Elstar)
1/8 l Apfelsaft
60 ml Weißwein
Erdnussöl
1 EL Butter
Safran
Zucker
grobes Meersalz

1 Leber mit Meersalz rundum bestreuen und über Nacht gekühlt ziehen lassen, sozusagen pökeln.
2 Leber mit eiskaltem Wasser abspülen, in viel kaltem Wasser noch ca. 20 Minuten wässern. Leber aus dem Wasser heben und trocken tupfen.
3 Leber in einen eng passenden Topf geben. So viel Öl zugießen, dass die Leber bedeckt ist. Ca. 10 Minuten im Öl leise kochen lassen, bis sich die Leber auf Fingerdruck fest anfühlt. Topf in kaltes Wasser stellen, Leber im Öl auskühlen lassen; so vorbereitet, könnte die Leber gekühlt bis zu 14 Tage gelagert werden.
4 Äpfel vom Kerngehäuse befreien und in Spalten schneiden.
5 Drei EL Zucker bis zum Karamellisieren erhitzen, mit Wein und Apfelsaft ablöschen. 1 EL Butter und einige Safranfäden einrühren, leise kochen lassen, bis der Zucker aufgelöst ist. Apfelspalten zugeben, Pfanne zudecken und Äpfel im Saft ziehen lassen. Nicht mehr kochen.
6 Die auf Zimmertemperatur abgekühlte Leber aus dem Öl heben und in dünne Scheiben schneiden. Mit Äpfeln anrichten, mit dem Saft der Äpfel beträufeln.

Einsalzen heute

Die Methode, Fleisch oder Innereien im Salz ziehen zu lassen, bewirkt zweierlei: eine Konservierung (was heute nicht mehr so wichtig ist), aber auch eine mürbere Konsistenz des Produkts. Salz bindet Flüssigkeit, also auch Blut, und die Leber wird beim behutsamen Braten oder Schmoren ganz besonders weich.

Leberwurst-Bratäpfel

>

Zutaten für 4 Portionen
Zubereitungsdauer ca. 1 Std.

200 g Leberwurstbrät
4 Äpfel
Butter
Kräuter (zur Auswahl: Oregano, Thymian, Majoran, Liebstöckel, Petersilie, Rosmarin ...)

1 Das Kerngehäuse der Äpfel so ausschneiden, dass die Äpfel am Blütenansatz noch geschlossen bleiben.
2 In einer ofenfesten Pfanne 2 EL Butter erhitzen, Leberwurstbrät zugeben und im Backofen bei 200 °C ca. 10 Minuten braten.
3 Kräuter hacken (3 EL voll). Mit dem Brät verrühren und die Masse in die Äpfel füllen.
4 Äpfel mit weicher Butter rundum einstreichen, in eine feuerfeste Form setzen, einen Zweig Rosmarin dazugeben, im Backofen bei 200 °C so lange braten, bis die Äpfel weich sind (dauert ca. 30 Minuten).

Berliner Leber

Zutaten für 4 Portionen
Zubereitungsdauer ca. 1/2 Std.

600 g Kalbsleber (enthäutet und geputzt)
12 hauchdünne Scheiben durchwachsener Räucherspeck
4 Äpfel
Majoran
Mehl
Calvados oder ein anderes Apfeldestillat
Erdnussöl
Butter
schwarzer Pfeffer
Salz

1 Äpfel schälen und in 1/2 cm dicke Spalten schneiden, Kerngehäuse ausschneiden.
2 Speck in einer großen Pfanne knusprig braten. In derselben Pfanne in wenig Butter die Äpfel auf beiden Seiten braten. Pfanne mit Küchenkrepp auswischen.
3 Leber in 8 Scheiben schneiden (jeweils ca. 1/2 cm dick). Ein wenig Öl und 1 EL Butter in der Pfanne mäßig erhitzen, Leber einlegen und einen Spritzer Wasser dazugeben. Leber bei geringer Hitze zugedeckt gar ziehen lassen, das dauert ca. 4 Minuten, anschließend mit Salz und Pfeffer würzen.
4 Äpfel auf Teller legen. Leber auf den Äpfeln anrichten. Saft kräftig einkochen, eine Prise Mehl einrühren, mit einem Schuss Calvados ablöschen, einen Schuss Wasser zugießen, 2 EL Butter einrühren und schmelzen lassen. Saft durch ein Sieb streichen und auf die Leber träufeln. Speck darauf legen. Mit Majoran bestreuen. Als Beilage passt gedünsteter Reis.

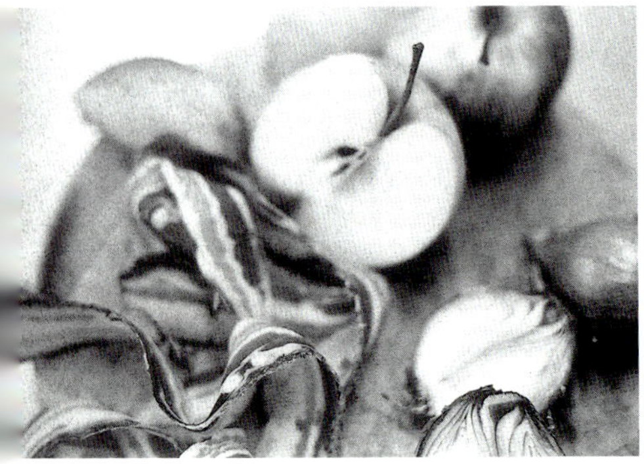

Zur Abwechslung?

Die elegante Variante

Mit den „Berliner" Zutaten Leber, Apfel & Speck lässt sich auch allerlei Unvermutetes anstellen. Man nehme: Kalbsleber wie auf Seite 124 und Apfelgelee wie auf Seite 128 (gutes Apfelgelee kann man übrigens auch fertig kaufen) und ein wenig Serranoschinken. Dünn geschnittene Scheiben von der Leber auf Gelee setzen. Schinken knusprig braten (z. B. auf Zwischenküchenkrepp legen und im Mikrowellengerät bei stärkster Leistung garen) und auf die Leber geben. Mit Rucola garnieren, mit gerösteten Pinienkernen bestreuen.

Entenleber-Parfait mit Apfelgelee und Rotkrautsalat

Zutaten für 8 Portionen
Zubereitungsdauer ca. 1 1/2 Std.

300 g Entenleber
250 g grüner Speck
2 EL Rosinen
200 g Sahne
5 Eigelb
2 cl Cognac
2 cl Portwein
1 Msp. Pfeffer
1 kl. TL Salz

Für das Apfelgelee
3/4 l Apfelsaft, am besten frisch gepresst aus säuerlichen Äpfeln
1 TL Zitronensäure
1 kg Gelierzucker

Für den Rotkrautsalat
100 g Rotkraut
1 Apfel
Erdnussöl
2 cl Campari
Salz

Außerdem
8 kl. Scheiben Milchbrot oder Brioche

1 Für das Apfelgelee die Äpfel samt Schale und Kerngehäuse blättrig schneiden und in den Entsafter geben. Saft durch ein feines Tuch oder Sieb seihen.
2 Apfelsaft, 1/4 l Wasser, Gelierzucker und Zitronensäure 15 Minuten leise kochen lassen. Masse in sterilisierte Gläser füllen, evtl. ein wenig Minze in jedes Glas geben.
3 Entenleber und Speck in kleine Würfel schneiden, gemeinsam mit den restlichen Zutaten pürieren. Masse durch ein feines Sieb streichen.
4 Masse 2 cm hoch in eine ofenfeste Form streichen. Bei 200 °C im Wasserbad ca. 40 Minuten pochieren. Parfait auskühlen lassen und vor dem Servieren mindestens 12 Stunden kühlen.
5 Für den Salat Rotkraut und Apfel fein schneiden, mit 5 EL Öl, Campari und Salz vermischen. 30 Minuten ziehen lassen.
6 Milchbrot oder Brioche auf Teller geben, mit Rotkrautsalat belegen. Daneben 1 EL Parfait geben, 1 TL Apfelgelee auf das Parfait setzen. Mit dem restlichen Krautsalat garnieren.

Apropos Gelee Am besten in kleine Gläser füllen und im Kühlschrank lagern. Nach 2 bis 3 Wochen hat das Gelee eine ideale Festigkeit entwickelt.

»Jiddische« Geflügelleber nach Art des Gasthauses »Zur Dankbarkeit«*

Zutaten für 8 Portionen
Zubereitungsdauer ca. 1/2 Std.

300 g Gänse-, Enten- oder Hühnerleber (geputzt)
ca. 200 g Schweine- oder Gänseschmalz (oder gemischt)
1 Zwiebel
2 Knoblauchzehen
Majoran
Pfeffer
Salz

1 Zwiebel klein schneiden und in 2 EL Schmalz dünsten. Die Zwiebel soll keine Farbe annehmen.
2 Leber in kleine Stücke schneiden, zugeben und bei geringer Hitze schmoren, bis sie gar ist. Im Mixer fein pürieren. Mit Salz, Pfeffer, Knoblauch und Majoran würzen und nochmals kurz erhitzen.
3 Heiße Leber in kleine Formen (z. B. Souffléförmchen) füllen und erkalten lassen. Mit flüssigem Schmalz ca. 3 mm hoch zugießen. Dazu Nussbrot, süße Äpfel und kräftigen, aber keinesfalls säurereichen Wein servieren.

*Dank

Dieses Rezept ist eine Leihgabe von Josef Lentsch aus dem Gasthaus „Zur Dankbarkeit" in Podersdorf am Neusiedler See, wo man sich auf Gänse und Weine gut versteht. Hier veröffentlicht in Wertschätzung, R.O.

Kaninchenleber mit Apfelmus und »Spritzkrapfen«

Zutaten für 4 Portionen
Zubereitungsdauer ca. 3/4 Std.

400g Kaninchen- oder Entenleber
Rosmarin
Calvados
Butter
schwarzer Pfeffer
Salz

Für das Apfelmus
2 säuerliche Äpfel
Apfelsaft
1/2 Vanilleschote

Für die „Spritzkrapfen"
(Zutaten für 10 Portionen)
200 g glattes Mehl
30 g Tempuramehl (Asialaden)
Pflanzenöl

1 Äpfel schälen, vom Kerngehäuse befreien und in Spalten schneiden. Äpfel in einen Topf geben, einen kräftigen Schuss Apfelsaft und die halbe Vanilleschote hinzufügen. Äpfel zugedeckt weich dünsten. Vanilleschote entfernen, Äpfel mit dem Pürierstab zu einem Mus verarbeiten.
2 Leber für 15 Minuten in Wasser legen, aus dem Wasser heben und trocken tupfen. Das Wässern schwemmt Blut aus, was es wahrscheinlicher macht, dass die Leber beim Braten weich bleibt.
3 Zwei EL Butter mit einem Zweig Rosmarin erhitzen, Leber einlegen und anbraten. Mit einem Schuss Calvados untergießen, Pfanne zudecken, Leber ziehen lassen, bis sie im Kern nur noch leicht rosa ist. Zur Garprobe am besten ein Stück Leber anschneiden, denn die Probe per Fingerdruck ist hier nutzlos – Kaninchenleber beispielsweise fühlt sich sehr bald hart an, ohne aber ausreichend gegart zu sein.
4 Leber salzen und pfeffern, mit Apfelmus auf Teller geben. Originellerweise das folgende Spritzgebäck dazu servieren.

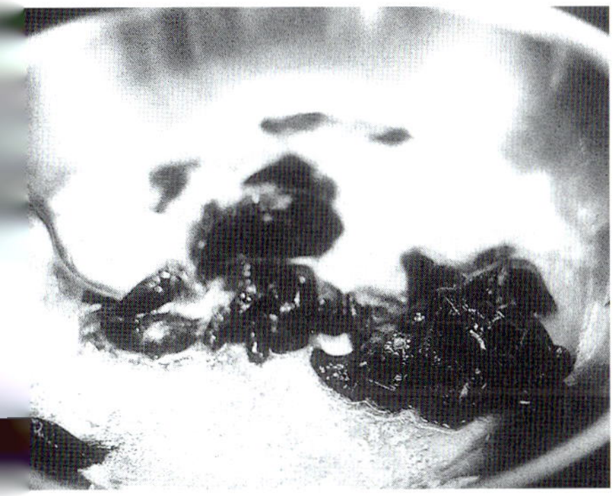

Schmurgeln statt braten
Butter, Butter, Butter
Escoffiers Patentrezept für guten Geschmack gilt fallweise heute noch, und ein solcher Fall ist die Leber. Bei geringer Hitze mit Sanftmut schmurgeln!

„Spritzkrapfen" nach der hier beschriebenen Art werden in Spanien gern zubereitet und dort *Churros* genannt.

1 Einen halben Liter Wasser aufkochen, Mehl und Tempuramehl einrühren; Tempuramehl enthält Backpulver und sorgt dafür, dass der Teig aufgeht. Masse kräftig rühren, sie wird dabei recht fest.
2 In einem weiten Topf zwei Finger hoch Pflanzenöl erhitzen. Teig in einen Spritzbeutel mit kleiner Tülle füllen. Teig nach und nach ins heiße Fett spritzen; am besten spiralförmig, sodass die einzelnen Windungen nicht zusammenkleben. Krapfen mit einer Schaumkelle aus dem Fett heben, auf Küchenkrepp abtropfen lassen und mit frisch geriebenem Salz bestreuen.

Die süsse Variante

Mit einer Mischung aus Zimt und Zucker und/oder Lebkuchengewürz bestreut, passt dieses Gebäck hervorragend zum Kaffee und zur heißen Schokolade. In diesem Fall natürlich nicht mit Salz bestreuen.

14 SCHWEIN & WURZELN

Heimspiel

Hier sind wir bei einer kulinarischen Harmonie von denkbar größter Bodenhaftung angelangt. Im Sinne der obsessiven Erdverbundenheit der behandelten Subjekte, der konsequenten Bodenständigkeit des gängigen Rezeptguts und des hervorragenden Gedeihens von Schwein und Wurzeln auf und in heimatlicher Scholle.

Schweinebraten mit Kartoffeln ist eine der populärsten Interpretationen des Themas. Gern werden die Kartoffeln auch mit dem Braten mitgebraten, was aber nur als zweitbeste Lösung anzusehen ist. Kartoffeln sind diebisch, wenn es um den Saft geht. Mit fortschreitendem Garzustand saugen sie mehr und immer mehr davon in sich auf. Am Ende kann man leicht mit voll gesogenen Kartoffeln dastehen, aber einem Braten ohne Saft.

Die Zwiebel verhält sich da zurückhaltender. Sie kann mitgebraten werden und passt in Form der BUTTERZWIEBELN auch wunderbar zu gebratenen Schweinemedaillons. Dafür Zwiebeln feinblättrig schneiden, in reichlich Butter schmurgeln, bis sie goldgelb sind. Mit Salz und Pfeffer, Majoran und edelsüßem Paprikapulver abschmecken.

Für einen ZWIEBELROSTBRATEN vom Schwein braucht man jedoch geröstete Zwiebeln. Zwiebeln in messerrückendicke Ringe schneiden, mit Mehl bestreuen, in einem geräumigen Topf mit reichlich Pflanzenöl braten, bis sie goldgelbe Farbe angenommen haben. Nicht länger, denn Zwiebeln bräunen nach. Fehlt noch der Rostbraten. Dünne Schnitzel vom Nacken oder Hals gut plattieren, salzen und pfeffern, auf einer Seite mit Senf bestreichen und in Mehl drücken. Mit dieser Seite nach unten in eine Pfanne mit heißem Öl legen, anbraten, wenden, geschnittenen Knoblauch und einen Spritzer Sojasauce zugeben, Fleisch in ca. 10 Minuten fertig braten.

Die Topinambur hat der Volksmund mancher Regionen dem Schwein expressis verbis zugeeignet, indem er sie als „Sauerdäpfel" bezeichnet. Kulinarisch passt das ganz vorzüglich in Form von SPECK & CHIPS: Topinambur gut bürsten und waschen, auf einem Gemüsehobel in nicht zu feine Scheiben schneiden, trocken tupfen und in viel heißem Öl braten. Genauso rechtzeitig aus dem Fett heben wie die Zwiebeln, abtropfen lassen und salzen. Topinamburchips passen nicht nur gut zum Speck, sondern auch – zum Champagner.

Ein TOPINAMBURSALAT zum lauwarmen Beinschinken wäre auf folgende Weise schnell zubereitet. Topinambur wie für Chips putzen, aber fein hobeln. Mit Weißweinessig, Erdnussöl, Salz und Pfeffer wie Rohkost marinieren, mit Honig abschmecken.

Einen warmen Salat zum Schwein kann man aus RETTICH zubereiten: Rettich schälen und grob reiben. Mit Salz, Zucker und Weißweinessig mischen, einen Schuss Wasser und eine geriebene Kartoffel einrühren. Alles aufkochen, vom Herd nehmen und bei bedecktem Topf ziehen lassen. Mit Honig abschmecken und mit Schnittlauch bestreut lauwarm servieren.
Wozu das passt? Einfach zur Blutwurst. Wem die Wurst als gebratene zu einfach ist, der kann BLUTWURSTRAVIOLI damit zubereiten: Blutwurst enthäuten. Zwiebel und Knoblauch klein schneiden und in Schmalz anbraten. Blutwurstbrät in die Pfanne geben und mit einer Gabel zerdrücken. Mit Majoran und Schnittlauch würzen und erkalten lassen. Wenn die Masse recht fest ist, einen Schuss Sahne einrühren. Nudelteig damit füllen und kochen. Rettichsalat dazu servieren und – spezielles Extra – mit Kürbiskernöl beträufeln.

Schweinefilet mit Knoblauch und Karottenbutter

Zutaten für 4 Portionen
Zubereitungsdauer ca. 3/4 Std.

8 Medaillons vom Schweinefilet
(à ca. 60 g)
20 Knoblauchzehen
Olivenöl
evtl. Thymian
schwarze Pfefferkörner
Salz

Für die Karottenbutter
2 Karotten
1 Zwiebel
Weißweinessig
Crème fraîche
125 g Butter
Zucker
Pfeffer
Salz

1 Für die Karottenbutter Karotten schälen und blättrig schneiden. Zwiebel klein schneiden. Beides in 1 l Wasser mit 1 EL Zucker 20 Minuten kochen. 3 EL Essig zugießen, Butter und 1 EL Crème fraîche einmixen; nur kurz mixen – die Karotten sollten nicht völlig zerkleinert werden, es soll eine Sauce entstehen und kein Püree. Alles durch ein Sieb streichen, mit Salz und Pfeffer abschmecken.
2 Knoblauch abziehen, in einen Topf geben und so viel Olivenöl zugießen, dass der Knoblauch bedeckt ist. Knoblauch zugedeckt bei geringer Hitze weich kochen.
3 Fleisch mit Olivenöl beträufeln und mit grob gemahlenem Pfeffer reichlich bestreuen. Fleisch in eine heiße Pfanne legen und auf beiden Seiten anbraten. Einen Schuss Wasser in die Pfanne gießen, Deckel auflegen und das Fleisch bei geringer Hitze etwa 5 Minuten garen. Zusätzlich einen Zweig Thymian in die Pfanne geben.
4 Schweinemedaillons auf Karottenbutter anrichten und salzen. Knoblauch und eventuell wie auf dem Foto ein Scheibchen Lardo dazugeben.

Jungschweinekeule mit Wurzelgemüse

Zutaten für 8 Portionen
Zubereitungsdauer ca. 2 1/2 Std. (ohne Surzeit)

An die Schwarte!
Der letzte Schliff
Die perfekt gebratene Schweineschwarte entsteht, wenn man zeitgerecht zum scharfen Messer greift: Bei einer Jungschweinekeule schröpft man die Schwarte am besten eine halbe Stunde vor Ende der Garzeit.

1 Jungschweinekeule ausgelöst, mit Schwarte (ca. 2 kg)
250 g Topinambur
1 große mehlige Kartoffel
6 Knoblauchzehen
1 Stk. Ingwer (ca. 3 cm)
Liebstöckel
Lavendelblüten
Majoran
Korianderkörner
Wacholderbeeren
Erdnussöl
dunkles Bier
Kümmel
schwarze Pfefferkörner
Salz

Für die Sur
1 kl. Knolle Ingwer
2 Zweige Salbei
3 EL Zucker
3 TL Salz

1 Für die Sur Ingwer blättrig schneiden, mit 3 l Wasser und allen übrigen Zutaten verrühren. Fleisch einlegen und zugedeckt 4 Tage gekühlt ziehen lassen.
2 Fleisch aus der Sur heben und in einen Schmortopf legen. Mit Salz, Kümmel, gemahlenem Pfeffer, Lavendelblüten, Majoran, Liebstöckel, Korianderkörnern und Wacholderbeeren bestreuen.
3 Topinambur bürsten. Ingwer schälen und blättrig schneiden. Kartoffel schälen und in 3 cm breite Scheiben schneiden. Gemeinsam mit den ungeschälten Knoblauchzehen zum Fleisch geben. Alles großzügig mit Öl begießen, 1/4 l von der Sur dazugießen.
4 Fleisch mit der Schwarte nach unten drehen und im Backofen bei ca. 220 °C braten. Nach 30 Minuten wenden, Schwarte im Abstand von 1 cm bis aufs Fleisch (aber nicht tiefer) einschneiden und den Braten unter öfterem Übergießen fertig braten. Die gesamte Bratzeit beträgt 1 1/2 Stunden. Nach ca. 3/4 der Garzeit einen guten Schuss Bier zugießen und die Temperatur auf 160 °C reduzieren.
5 Fleisch und Gemüse auf Teller geben, mit dem Bratensaft beträufeln.

Für noch mehr Geschmack

Den Bratensaft auf die folgende Art vollenden: Saft durch ein Sieb gießen, durch Einmixen von Kräutern wie Bärlauch, Liebstöckel oder Petersilie und 2 EL Butter binden, mit Salz abschmecken.

Dazu passt Rettich-Ingwer-Salat
500 g Bierrettich schälen und grob reiben. 4 EL Weißweinessig mit 1 EL Honig, 1 EL gehacktem Ingwer, 3 EL Sauerrahm und Pfeffer erwärmen. Rettich einrühren und eventuell noch etwas Erdnussöl zugeben.

< Gesottene Ferkelkeule mit Topinamburcreme

Zutaten für 4 Portionen
Zubereitungsdauer ca. 1 1/4 Std.

1 ausgelöste Ferkelkeule (ca. 1,2 kg)
Schnittlauch

Für die Sur
4 EL Honig
1 Lorbeerblatt
4 EL Salz
6 Pfefferkörner

Für die Topinamburcreme
200 g Topinambur
Sahne
Milch
evtl. schwarze Trüffelbutter
schwarze Pfefferkörner
Salz

Für die Pfeffersahne
250 g Sahne
Cognac
Butter
Ketchup
Pfeffer
Salz

1 Alle Zutaten für die Sur mit 2 l Wasser verrühren. Fleisch einlegen, zugedeckt und gekühlt 2 Tage ziehen lassen.
2 Fleisch in der Sur aufkochen. Topf sofort vom Herd nehmen und zudecken. Fleisch im abkühlenden Sud ca. 30 Minuten ziehen lassen.
3 Für die Topinamburcreme Topinambur gut bürsten, waschen und blättrig schneiden. Topinambur in einen Topf geben. So viel Sahne und Milch zu gleichen Teilen zugießen, dass die Topinambur bedeckt sind. So lange kochen, bis die Topinambur weich sind. Pürieren, salzen und pfeffern. Eventuell ein wenig Trüffelbutter oder gehackte schwarze Trüffeln einrühren.
4 Für die Pfeffersahne 1 EL Butter mit 1 TL gemahlenem Pfeffer erhitzen. Mit einem kräftigen Schuss Cognac ablöschen und die Sahne zugießen. 1 TL Ketchup einrühren und aufkochen. Eventuell noch ein wenig Butter einrühren, um die Sauce sämiger zu machen. Mit Salz abschmecken.
5 Fleisch in dünne Scheiben schneiden. Topinamburcreme auf Teller geben. Fleisch darauf legen und mit der Pfeffersahne überziehen. Mit Schnittlauchröllchen bestreuen.

Krensuppe mit Surstelze

Zutaten für 8 Portionen
Zubereitungsdauer ca. 2 1/2 Std.

1 Surstelze (Eisbein oder Surhaxe; ca. 2 kg)
ca. 250 g Kren (Meerrettich)
2 Karotten
4 Schalotten
2 Knoblauchzehen
Schnittlauch
Butter
250 g Sahne
250 g Sauerrahm (saure Sahne)
Maisstärkemehl
1 Gewürznelke
1 Lorbeerblatt
5 Pfefferkörner
Salz

1 Karotten schälen. Stelze mit Karotten, Schalotten und Knoblauch (beide mit der Schale) mit Wasser bedeckt aufkochen. Schaum abschöpfen. Gewürznelke, Pfefferkörner und Lorbeerblatt zugeben. Fleisch in ca. 2 Stunden weich kochen. Die Stelze ist ausreichend gegart, wenn sich das Fleisch vom Knochen löst.
2 Knochen auslösen, Schwarte abheben. Fleisch in mundgerechte Stücke teilen.
3 Fond durch ein feines Sieb seihen. 1 l davon mit Sahne ca. 20 Minuten leise kochen lassen.
4 Kren schälen und reiben. Sauerrahm und 200 g Kren in den Fond rühren und aufkochen. Etwas Maisstärkemehl mit wenig Wasser glatt rühren und einkochen, bis der Fond mäßig gebunden ist. 4 EL Butter einmixen. Suppe salzen und durch ein Sieb gießen.
5 Fleisch in Teller geben und die Suppe darauf gießen. Mit Schnittlauch bestreuen.

Und die Schwarte?

In Streifen schneiden, mit Mehl, Ei und Schwarzbrotbröseln panieren und in Pflanzenöl backen. Mit scharfem Senf als kleines Vorgericht servieren.

Gesottene Schweinsbackerl mit Wurzelgemüse und Kren auf »steirische Art« >

Zutaten für 4 Portionen
Zubereitungsdauer ca. 2 Std.

8 Schweinsbackerl
2 Schweinshaxerl
(in Scheiben geschnitten)
Kren (Meerrettich)
Liebstöckel
Maisstärkemehl
Sojasauce (dünnflüssig)
Salz

Für das Wurzelgemüse
2 Karotten (am besten eine rote und eine gelbe)
1 Pastinake
1 Petersilienwurzel
1 Zwiebel
2 Knoblauchzehen
Essig

Für die Marinade
3 Wacholderbeeren
1 TL Kümmel
1 Knolle Knoblauch
1 Lorbeerblatt
1 Zwiebel
1 EL Zucker
1 EL schwarze Pfefferkörner

1 Für die Marinade Wacholderbeeren andrücken und Zwiebel halbieren. Mit den restlichen Zutaten und 2 l Wasser verrühren. Schweinshaxerl und -backerl einlegen und zugedeckt gut gekühlt ca. eine Woche marinieren lassen; falls das Fleisch nicht völlig bedeckt ist, Wasser zugießen.
2 Fleisch in der Marinade aufkochen, aufsteigenden Schaum abschöpfen und das Fleisch ca. eine Stunde sieden. Schweinshaxerl und -backerl aus dem Sud heben. Von den Haxerln Fleisch und Schwarten ablösen, klein schneiden und salzen.
3 Für das Gemüse Zwiebel und Knoblauch schälen und feinblättrig schneiden. Karotten, Pastinake und Petersilienwurzel schälen und in feine Streifen schneiden. In gesalzenem Wasser bissfest kochen, zum Schluss einen Schuss Essig zugießen. Wurzelgemüse abseihen und abtropfen lassen.
4 Fleischfond nochmals aufkochen. Etwas Maisstärkemehl mit wenig Wasser glatt rühren und in den Fond einkochen, sodass sich eine leichte Bindung ergibt. Mit Sojasauce abschmecken.
5 Schweinsbackerl halbieren und mit den klein geschnittenen Schweinshaxerln auf Teller geben. Mit Gemüse belegen und mit reichlich frisch geriebenem Kren und klein geschnittenem Liebstöckel bestreuen.

Pfefferschinkenrollen mit Trüffelrettich

Zutaten für 4 Portionen
Zubereitungsdauer ca. 35 Min.

300 g Pfefferschinken
(fein aufgeschnitten)
250 g Bierrettich
30 g schwarze Trüffel
1 mehlige Kartoffel
ca. 60 g Parmesan
Trüffelöl (von der schwarzen Trüffel)
Weißweinessig
Zucker
Salz

1 Rettich schälen und grob reiben. In einen Topf geben, salzen, zuckern und ca. 10 Minuten ziehen lassen.
2 Kartoffel schälen, reiben und zum Rettich geben. Rettich 5 Minuten leise kochen. Einen Schuss Essig zugießen und den Rettich zugedeckt noch ein paar Minuten ziehen lassen.
3 Trüffel gut bürsten, waschen und in feine Stäbchen schneiden. Trüffel in den Rettich rühren.
4 Jeweils 2 bis 3 Scheiben vom Schinken überlappend auflegen. Mit dem Rettich belegen und zu Rollen einschlagen.
5 Schinkenrollen auf Teller legen, mit gehobeltem Parmesan bestreuen und mit Trüffelöl beträufeln.

15 ZWIEBELN & KNOBLAUCH

ZUM LOB DER LÄNDLICHKEIT

Zwiebel & Knoblauch sind das unzertrennliche Paar unter den Gemüsen. Und genauso wie die Zwillingsgewürze Salz & Pfeffer sind auch Zwiebel & Knoblauch nur ausnahmsweise die prägenden Zutaten von Gerichten. Als aromatische Grundierung der Aromakompositionen ist ihre Rolle meist ebenso unspektakulär wie unverzichtbar.

Mehr ist aber auch gut möglich. Ein erstes Beispiel, zitiert aus dem Urgedächtnis der bäuerlichen Küche: SCHMALZAUFSTRICH. 1 kg von dem speziellen Schweinespeck namens Bauchfilz durch den Fleischwolf drehen, mit 1/8 l Wasser so lang erhitzen, bis das Schmalz „ausgelassen" ist, also das Fett klar ist und krosse Grammeln alias Grieben entstanden sind. 2 Zwiebeln fein schneiden, 6 Knoblauchzehen blättrig schneiden und beides einrühren. Noch so lang köcheln, bis Zwiebeln und Knoblauch ein wenig gebraten sind. Salzen. Ab hier ist alles offen für individuelle Variationen. Nach dem steirischen Brauch wären gehackte Kürbiskerne und Kürbiskernöl denkbar. Kümmel und Liebstöckel sind eine ebenso gute Variante. Petersilie und klein geschnittene Peperoni dito.

Aus dem Magyarischen ein zweites und fast ebenso urwüchsiges Beispiel: LETSCHO. Geschnittene Zwiebeln und Knoblauch und andere Gemüse, jedenfalls aber Paprika (scharf!) und Tomaten in Schweineschmalz braten. Eier dazugeben und verrühren, bis die Masse die Konsistenz von weichem Rührei hat. Mit Salz, Pfeffer und Paprikapulver würzen.

Das ist schon hart an der Grenze zum so genannten Bauernomelett. In Italien kennt man dergleichen als FRITTATA. Auf der Zwiebel-Knoblauch-Basis könnte man so verfahren:

Eine Zwiebel und 3 Zehen Knoblauch klein schneiden und in Olivenöl braten. Ab hier individuell erweitern. Zum Beispiel durch die Zugabe von Pilzen und Petersilie. Durch dünne Streifen Hühnerbrust und Basilikum. Durch geschnetzelte Leber und Oregano. 4 Eier verquirlen, 1 EL geriebenen Parmesan einrühren und alles in die Pfanne gießen. Mit Salz, Pfeffer und Cayennepfeffer würzen. So lang rühren, bis die Masse gebunden hat.

Zwiebel & Knoblauch auf fernöstlich könnte man mit SWEET-AND-SOUR-PORK kombinieren. Zuerst das „Pork" vorbereiten: saftiges Schweinefleisch blättrig schneiden und in einer Mischung aus klein geschnittenem Ingwer und Knoblauch sowie Sojasauce marinieren. „Sweet & Sour" kommt vom Gemüse: Zwiebeln in Spalten schneiden. Knoblauch blättrig schneiden. Frühlingszwiebeln putzen und schneiden, das Grüne in zentimeterbreite Stücke, das Weiße blättrig. Dazu noch einen Paprika in Streifen und ein paar Karotten blättrig schneiden. Nacheinander und je nach Garzeit in Öl braten. Fein geschnittenen Ingwer, Honig, Sojasauce und einen Schuss Hühnerbrühe zugeben, nur so viel, dass das Gemüse feucht ist. Fleisch aus der Marinade heben, in Stärkemehl wenden, durch verquirltes Eiweiß ziehen und in Öl frittieren. Fleisch zum Gemüse geben. Die Beilage sei Reis.

Frankreich hat zum Zwiebel-Knoblauch-Thema die berühmte Zwiebelsuppe anzubieten. Berüchtigt ist sie leider auch schon längst, weil unter ihrem Namen hauptsächlich Zumutungen verbreitet werden. Die Ehrenrettung der Zwiebelsuppe passiert auf Seite 146. Zur Ehrenrettung der KNOBLAUCHSUPPE empfiehlt sich: 6 Knoblauchzehen und 3 Schalotten fein schneiden, in 2 EL Butter anschwitzen. Mit 1 TL Mehl bestreuen, kurz rösten. 3/4 l Rindsuppe und 250 g Mascarpone einrühren. Salzen, pfeffern, 10 Minuten kochen. Fein pürieren, zur Bindung Butter einmixen. Als Garnitur Schnittlauch oder das Grüne von Frühlingszwiebeln auf die Suppe streuen.

Liptauer

Zutaten für ca. 400 g
Zubereitungsdauer ca. 25 Min.

1 Zwiebel
2 Knoblauchzehen
Kapern
Sardellen
1/8 l Weißwein
Weißweinessig
120 g Butter
120 g Margarine
Pflanzenöl
Worchestershiresauce
Estragonsenf
edelsüßes Paprikapulver
Cayennepfeffer
gemahlener Kümmel
Zucker
Pfeffer
Salz

1 Zwiebel sehr fein hacken. Mit Wein und einem Schuss Essig so lange kochen, bis die Flüssigkeit fast völlig verdampft ist. Abkühlen lassen.
2 Zimmerwarme Butter und Margarine mit 2 EL Öl, Salz, Pfeffer, einem gehäuften Löffel Paprikapulver, einer Prise Zucker, 1 EL Estragonsenf, 1 EL gehackten Kapern, 1 EL gehackten Sardellen, jeweils einer Prise Kümmel und Cayennepfeffer, einem Spritzer Worchestershiresauce und gepresstem Knoblauch cremig rühren. Zwiebel einrühren. Mit Paprika bestreut auf den Tisch stellen.

Liptauer ist ein klassischer Aufstrich für dunkles Brot und macht besonders viel Freude, wenn er von reschem (dt. säurebetontem) Wein begleitet wird.

Polentazwiebeln

Zutaten für 4 Portionen
Zubereitungsdauer ca. 1 Std.

8 weiße Zwiebeln
3 Knoblauchzehen
400 g Polenta (am besten weiße)
Rosmarin
ca. 1 l Brühe
100 g Butter
100 g Bergkäse oder Parmesan
1 Lorbeerblatt
Korianderkörner
Gewürznelken
Muskatnuss
Pfeffer
Salz

1 Zwiebeln mit der Schale in einen Topf geben, mit so viel Brühe aufgießen, dass die Zwiebeln bedeckt sind. 2 Gewürznelken, jeweils einige Pfeffer- und Korianderkörner sowie 1 Lorbeerblatt zugeben. Leise kochen, bis sich die Zwiebeln leicht anstechen lassen.
2 Von den Zwiebeln die Kappen abschneiden. Zwiebeln leicht aushöhlen, das Innere der Zwiebeln klein schneiden.
3 In einem Topf 2 EL Butter erhitzen. Polenta einrühren, mit 1 l Wasser aufgießen und mit Salz, Pfeffer und gemahlener Muskatnuss würzen. Die Polenta kochen, bis sie eingedickt ist (das dauert üblicherweise nur ein paar Minuten).
4 Polenta auskühlen lassen. Knoblauch abziehen und fein schneiden. Käse reiben. 50 g Käse und die klein geschnittenen Zwiebeln unter die Polenta rühren.
5 Zwiebeln mit der Polenta füllen, in eine gebutterte Form setzen und so viel vom Zwiebelfond zugießen, dass dieser etwa fingerhoch in der Form steht. Zwiebeln mit den Kappen abdecken, mit Rosmarin bestreuen und im Backofen bei 200 °C ca. 30 Minuten schmoren bzw. dünsten.
6 Zwiebeln auf Teller setzen und mit Käse bestreuen. Ein wenig vom Fond rundherum träufeln.

Auf Salz gebraten

Ofenfrisches Gemüse

Und noch eine Methode, Gemüse im Ganzen zu garen: Zwiebeln, Rote Rüben (Rote Bete), Auberginen, Kartoffeln – alles was groß ist und Schale hat – in ein Bett aus grobem Meersalz setzen und im Ofen garen. So bleibt der Gemüsegeschmack optimal und unverfälscht erhalten. Mit Zwiebeln wird das im Rezept auf dieser Seite angewendet, aus derart gebratenen Kartoffeln könnte man beispielsweise „Grappakartoffeln" zubereiten: Große Kartoffeln in der Schale auf Salz braten, bis sie weich sind, aufdrücken, ein wenig Meersalz in die Öffnung streuen und einen kräftigen Schuss Grappa hineingießen.

Polentazwiebeln

– Rezept auf Seite 143 –

Zwiebel-Knoblauch-Suppe mit Aiolibrot

>

Zutaten für 4 Portionen
Zubereitungsdauer ca. 1/2 Std.

3 Zwiebeln
3 Knoblauchzehen
3 kl. Kartoffeln (fest kochend)
Thymian
Liebstöckel
1 l Hühner- oder Rinderbrühe
Sherry
Sherry- oder Balsamico-Essig
Sojasauce (dünnflüssig)
Tapiokamehl
Butter
Zucker

Für das Aiolibrot
3 Knoblauchzehen
1 Ei
Senf
Chilipaste
Olivenöl
4 Scheiben Weißbrot
Salz

1 Zwiebeln und Knoblauch abziehen und blättrig schneiden. Kartoffeln schälen und wie für Pommes frites in Stäbchen schneiden.
2 Zwei EL Butter erhitzen. 1 EL Zucker, Zwiebeln und Knoblauch einrühren. Mit einem kräftigen Schuss Sherry und einem kleinen Schuss Sojasauce ablöschen. Mit Brühe aufgießen. Kartoffeln sowie je einen Zweig Thymian und Liebstöckel zugeben. Die Suppe salzen und ca. 10 Minuten leise kochen lassen.
3 Suppe mit Essig abschmecken. Etwas Tapiokamehl mit wenig Wasser in einer Tasse glatt rühren, so viel davon in die Suppe rühren, dass sich eine leichte Bindung ergibt.
4 Für das Aiolibrot Knoblauch abziehen und pressen, mit dem Ei, 1 TL Senf, einer Prise Salz, ein wenig Chilipaste und 1/4 l leicht erwärmtem Olivenöl mixen.
5 Brot mit ein wenig Olivenöl beträufeln und rösten. Mit der Knoblauchmasse bestreichen.

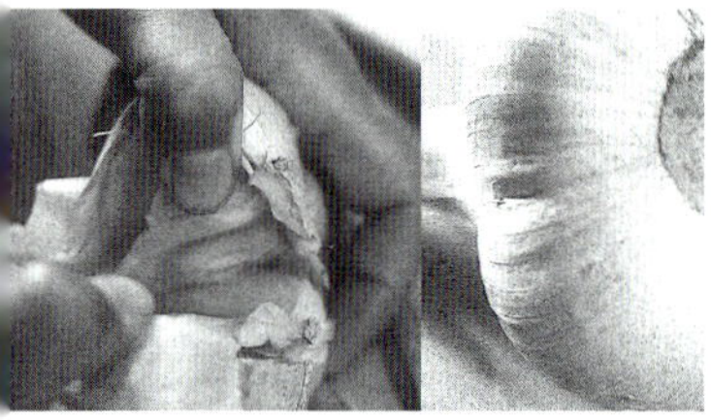

Junge Zwiebeln, junger Knoblauch
Gemeinsam eingekocht
Für den Knoblauch gilt: Je jünger, desto milder. Ganz jungen Knoblauch könnte man im Sinne der Harmonie von Zwiebel & Knoblauch auch gemeinsam mit Schalotten und einem Zweig Rosmarin in Olivenöl köcheln, bis alles weich ist. Passt vorzüglich zum Speck und zu luftgetrocknetem Fleisch.

Hühnerbrust mit Zitronen-Schalotten

Zutaten für 4 Portionen
Zubereitungsdauer ca. 3/4 Std.

4 Hühnerbrüste
(ohne Knochen, mit der Haut)
Basilikum
Rosmarin
Olivenöl
Chilipaste
Meersalz

Für die Zitronen-Schalotten
10 Schalotten
1 Knolle junger Knoblauch
2 unbehandelte Zitronen
1/8 l Hühnerbrühe
Butter
Zucker
Pfefferkörner
Meersalz

1 Schalotten und Knoblauch abziehen. Knoblauch blättrig, Schalotten in Spalten schneiden. Von den Zitronen die Schalen dünn abschälen und in feinste Streifen schneiden. Alles mit 2 EL Zucker, 1 TL schwarzen Pfefferkörnern und dem Saft einer Zitrone vermischen und ca. 24 Stunden ziehen lassen.
2 Schalotten-Knoblauch-Mischung in Hühnerbrühe ca. 10 Minuten leise kochen. 1 EL Butter einrühren und mit Meersalz abschmecken.
3 Hühnerbrüste in eine ofenfeste Form legen. Einen kräftigen Schuss Olivenöl zugießen, außerdem 1 TL Chilipaste, klein geschnittenes Basilikum und Rosmarin dazugeben. Hühnerfleisch mit diesen Gewürzen einreiben und vermischen. Fleisch mit der Hautseite nach oben drehen, in den Backofen schieben und 20 bis 25 Minuten bei 220 °C braten.
4 Hühnerbrüste mit Schalotten anrichten. Die passende Beilage dazu ist cremig gekochtes Kartoffelpüree.

16 WILD & BEEREN

KULINARISCHE WALDWANDERUNGEN

Wie vorteilhaft die Verbindung des Bitteren mit dem Süßen sein kann, wird noch ab Seite 170 dargestellt. Hier sei das Spiel mit diesen beiden Aromakomponenten auf die Früchte des Waldes eingegrenzt, aber um die Fruchtigkeit der Beeren erweitert. Früchte des Waldes in dem Sinn, wie es auch „Meeresfrüchte" heißt, also vom Hirsch bis zum Hasen und zu den Pilzen.

Dass Wild und herbe Beeren gut zusammenpassen, wird mit Hilfe ungezählter Hirschragouts und Rehkeulen plus beigelegter Preiselbeeren tagtäglich neu bewiesen, wobei die Beeren gerne in Form von Konfitüre in pochierten Birnen sitzen. Denn Kernobst, vor allem mürbes, reifes, ist eine ebenso bewährte Wildbegleitung wie die Beeren.

Der Klassiker von Birne und Preiselbeeren lässt sich variieren, indem man zur Abwechslung GESCHMORTE QUITTEN mit Preiselbeeren serviert: Reife Quitten der Länge nach durchschneiden. In einer Pfanne mit ein wenig Schweineschmalz, Zimt und Gewürznelken anbraten, mit Quittenschnaps ablöschen, ein wenig Wasser zugießen, in den Backofen schieben und schmoren, bis die Quitten weich sind. Das Fruchtfleisch löffelweise aus den Schalen stechen, mit Preiselbeerkompott zu den Wildgerichten geben.

Ein wenig südländischer wird die Interpretation des Frucht-und-Beeren-Themas durch FEIGEN MIT HOLUNDER. Die Feigen am Blütenansatz kreuzweise einschneiden, in eine ofenfeste Pfanne mit ein wenig Schweineschmalz und einem Zweig Rosmarin geben, im Backofen braten, bis die Feigen recht weich sind. Feigen in kleine Schüsseln mit Hollerkompott setzen (Hollerkompott siehe Seite 196) und separat zu Reh oder Hirsch servieren.

Fast so unvermeidlich wie die Beeren ist zum Wild auch Rotkohl oder Blaukraut, und beide, Kohl und Beeren, lassen sich sehr günstig zu einer einzigen Beilage verbinden. Man bereichere KRAUT & KOHL durch die Zugabe von Preisel- oder Holunderbeeren, von Sanddorn oder Johannisbeeren, wenn man eine säuerliche Note schätzt, oder durch Beeren der Mährischen Eberesche vulgo Vogelbeeren, wenn Kraut oder Kohl herb schmecken sollen. Das alles in allen denkbaren Aggregatzuständen, von der Marmelade übers Kompott bis zu den Destillaten.

Und weil Schnäpse und Brände den Beerengeschmack in der konzentriertesten und klarsten Form zu liefern imstande sind, eignen sie sich vorzüglich für die Zubereitung schneller BEERENSAUCEN zum Wild. Am Beispiel von Hirschmedaillons: Diese mit grob gemahlenem Pfeffer und Wacholderbeeren würzen und in einer Pfanne mit bestem Walnussöl oder Butterschmalz auf beiden Seiten anbraten. Vom Fett hat man reichlich genommen, denn Wildfleisch ist von Natur aus mager. Das Fleisch aus der Pfanne heben, meistens schon nach nur 4 bis 5 Minuten Garzeit. Den Bratrückstand mit einem guten Schuss Beerenschnaps ablöschen, Flüssigkeit einkochen, einen Schuss Rotwein zugießen. Eventuell ein wenig Hagebutten- oder Preiselbeergelee wegen der Fruchtigkeit einrühren und zum Schluss ein wenig „Steinpilzmehl" zum Zweck der Geschmacksverdichtung. Das Steinpilzmehl kann man leicht selbst gewinnen, indem man getrocknete Steinpilze in der Küchenmaschine auf höchster Drehzahl feinst zerkleinert. Es liefert übrigens nicht nur Geschmack, sondern hat auch enorme Bindekraft, wodurch man bei Wildsaucen oder Saucen zu dunklem Fleisch auf eine Menge Butter und jedes Mehl verzichten kann.

Hirschragout mit Heidelbeeren und Milchbrotknödeln

Zutaten für 8 Portionen
Zubereitungsdauer ca. 1 1/2 Std.

2 kg Hirschkeule
1 Stück Speckschwarte
200 g Karotten
200 g Knollensellerie
200 g Schalotten
3 Knoblauchzehen
500 g Heidelbeeren
2 l Rotwein
1/2 l Cassis
20 g dunkle Schokolade
100 g Butterschmalz
Maisstärkemehl
8 Wacholderbeeren
Zucker
Pfeffer
Salz

Für die Milchbrotknödel
180 g Milchbrot
1/8 l Milch
2 Eier
1 EL Mehl
Muskatnuss
Pfeffer
Salz

Für die Garnitur
1 kl. Tasse Heidelbeeren
6 cl Cassis
2 EL Butter
Kräuter wie Oregano oder Thymian

1 Fleisch in walnussgroße Würfel schneiden, salzen und pfeffern. Karotten, Sellerie und Schalotten schälen und in Würfel schneiden. Knoblauch abziehen.
2 In einem großen Topf ca. 4 EL Butterschmalz erhitzen und das Fleisch darin rundum anbraten. Heidelbeeren und Gemüse zugeben. Wein und Cassis zugießen. Wacholderbeeren, ein Stück einer Speckschwarte oder ersatzweise 30 g Frühstücksspeck, Schokolade, gepressten Knoblauch und 2 EL Zucker einrühren. Bei zugedecktem Topf ca. 45 Minuten leise kochen lassen.
3 Etwas Maisstärkemehl mit wenig Wasser glatt rühren und so viel davon in den Fond rühren, dass sich eine leichte Bindung ergibt.
4 Für die Knödel Milchbrot in Würfel schneiden. Milch erwärmen und über das Brot gießen. Eier, Mehl, Salz, Pfeffer und geriebene Muskatnuss einrühren. Masse zu einem großen Knödel zusammendrücken und ca. 30 Minuten ziehen lassen.
5 Aus der Masse 8 Knödel formen und diese in leicht gesalzenem Wasser zugedeckt knapp unter dem Siedepunkt gar ziehen lassen. Das dauert ca. 5 Minuten.
6 Die Heidelbeeren für die Garnitur mit Cassis aufkochen. Ragout und Knödel auf Teller geben. Einen Teil der Sauce mit 2 EL Butter schaumig aufmixen. Schaumsauce über das Ragout ziehen. Mit Beeren und Kräutern garnieren.

Fasanentascherl mit Fenchelsalat und Sanddornkompott

Zutaten für 6 Portionen
Zubereitungsdauer ca. 2 1/2 Std.

250 g Fasanenbrust
50 g Shiitake-Pilze
50 g Stangensellerie
Ingwer
Erdnussöl
Pflanzenöl
Pfeffer
Salz

Für den Teig
200 g Mehl
120 g kalte Butter
1 kräftige Prise Salz

Für den Fenchelsalat
1/2 Knolle Fenchel
2 große Zwiebeln
50 g Pinienkerne
2 Knoblauchzehen
Weißweinessig
Zucker
Pfeffer
Salz

Für das Sanddornkompott
250 g Sanddorn (gerebelt)
250 g Zucker

1 Für das Kompott die Sanddornbeeren von Holz und Stängeln trennen. Das geht am besten, wenn man den Sanddorn zuvor tiefkühlt und die Beeren mit einem Löffel von den stacheligen Zweigen und Stängeln schabt. Zucker mit 50 ml Wasser so lang kochen, bis er sirupartig vom Löffel fließt. Beeren in den Sirup rühren und kurz kochen.
2 Für den Teig Butter in kleine Würfel schneiden. Alle Zutaten mit 2 EL eiskaltem Wasser in einer Küchenmaschine zu einem geschmeidigen Teig verarbeiten. Teig zu einer Kugel formen und ruhen lassen.
3 Für den Salat Zwiebeln abziehen und in Ringe schneiden. Knoblauch abziehen und blättrig schneiden. Beides mit Pinienkernen und ein wenig Pfeffer und Salz in einen Topf geben. Fingerhoch Wasser zugießen. Zwiebeln zugedeckt 5 Minuten dünsten. Mit Essig und Zucker abschmecken.
4 Fenchel quer zur Faser in sehr feine Blätter schneiden und unter die gedünsteten Zwiebeln rühren. Salat abkühlen lassen. Gehacktes Fenchelgrün unterheben.
5 Fasanenbrust in feine Streifen schneiden. Pilze und Sellerie blättrig schneiden, Ingwer hacken (1 EL voll). Alles mit Salz, Pfeffer und einem Spritzer Erdnussöl vermischen.
6 Teig ausrollen, überschüssiges Mehl abkehren, Scheiben von 11 cm Durchmesser ausstechen. Jedes Teigstück mit Fülle belegen, zu Taschen falten, Ränder festdrücken.
7 Fasanentascherl in heißem Öl goldbraun backen (dauert ca. 5 Minuten). Aus dem Fett heben, auf Küchenkrepp abtropfen lassen, mit Fenchelsalat und Sanddornkompott anrichten.

Hasenmedaillons mit Selleriepüree, Birne und Vogelbeeren

Zutaten für 4 Portionen
Zubereitungsdauer ca. 1 Std.

500 g Hasenrücken
Butterschmalz
Pfeffer
Salz

Für die Birnen
2 Birnen
Birnenschnaps
Butterschmalz
Zucker

Für das Selleriepüree
1 kl. Knolle Sellerie
Kartoffelpüreeflocken
Milch
Sahne
Pfeffer
Salz

Für die Sauce
1/8 l Rotwein
1/8 l Portwein
1/8 l Cassis
4 cl Balsamico-Essig
Butter
Salz

Für die Vogelbeerkonfitüre
(Zutaten für ca. 1,2 l)
500 g Vogelbeeren
500 g Zucker
Vogelbeerschnaps

1 Für die Vogelbeerkonfitüre Vogelbeeren von den Stielen zupfen. Zucker mit 1/4 l Wasser so lange kochen, bis der Zucker Fäden zieht. Vogelbeeren und einen Schuss Vogelbeerschnaps einrühren. Konfitüre einmal aufkochen lassen und in Gläser füllen.
2 Sellerie schälen, aus der Mitte 8 dünne Blätter schneiden und rund ausstechen. Rest des Selleries klein schneiden und in einen Topf geben. So viel Milch und Sahne zu gleichen Teilen zugießen, dass der Sellerie bedeckt ist. Sellerie weich kochen. 1 bis 2 TL Kartoffelpüreeflocken, Salz und Pfeffer zugeben. Cremig pürieren.
3 Sellerieblätter in leicht gesalzener Sahne weich kochen.
4 Für die Sauce Wein, Portwein, Cassis und Balsamico-Essig so lange kochen, bis die Flüssigkeit auf die Hälfte der ursprünglichen Menge eingekocht ist. Zum Binden ca. 2 EL kalte Butter einrühren und die Sauce mit Salz abschmecken.
5 Birnen vierteln, das Kerngehäuse ausschneiden. Birnen in eine Pfanne mit heißem Butterschmalz legen, mit Zucker bestreuen und ca. 10 Minuten braten. Mit Birnenschnaps ablöschen.
6 Fleisch in daumendicke Medaillons schneiden, salzen, pfeffern, in heißem Butterschmalz rundherum anbraten. Pfanne zudecken und das Fleisch noch einige Minuten garen (ca. 8 Minuten).
7 Medaillons in die Sauce geben. Sauce mit dem Fleisch nochmals erwärmen. Fleisch mit Sauce auf Teller geben. Sellerieblätter mit Püree füllen und dazulegen. Birnen auf die Teller setzen. Mit Vogelbeerkonfitüre garnieren.

Apropos Vogelbeeren: Man nehme die Beeren von Mährischen Ebereschen, und zwar von gezüchteten. Die Wildform dieses Baumes liefert extrem herbe Beeren, die selbst durch Zugabe von großen Mengen Zucker nicht genießbar werden. Die wilden sind allerdings die einzig richtigen für das Brennen von Vogelbeerschnaps!

Gehaltvolle Würze
Kraft vom Saft
Bei der Aromatisierung mit Destillaten und Weinen gilt: Je edler und kräftiger die Getränke, desto besser. Denn minderwertiger Geschmack kann durch das Kochen nicht besser werden. Und je konzentrierter die Würze ist, desto weniger muss die Sauce am Ende eingekocht oder gebunden werden.

Rehmousse mit Zucchini und Preiselbeeren

Zutaten für 4 Portionen
Zubereitungsdauer ca. 3/4 Std. (ohne Kühlzeit)

150 g Rehfilet
50 g Preiselbeeren
Krenpaste (Meerrettichpaste)
100 ml Wildfond oder Rinderbrühe
350 g Sahne
6 g Blattgelatine
Wacholderbeeren
Pfeffer
Salz

Für die Zucchini
2 Zucchini
Olivenöl
Sherry- oder Tomatenessig
Zitronenthymian
Salz

Für die Garnitur
Rucola
Kresse
Preiselbeeren

1 Fleisch klein schneiden. Mit Preiselbeeren, 100 g Sahne, 2 zerdrückten Wacholderbeeren und einer kräftigen Prise Salz ca. 3 Minuten leise kochen lassen. Im Mixer zu einem Püree verarbeiten und auskühlen lassen.
2 Gelatine in Wasser einweichen. Restliche Sahne steif schlagen.
3 Gelatine ausdrücken und in Wildfond oder Rinderbrühe erwärmen, bis sie aufgelöst ist. 1 EL Krenpaste einrühren. Mit dem Püree vom Rehfilet verrühren. Masse in eine Terrinenform füllen und kühlen.
4 Zucchini mit feuchtem Salz abreiben, waschen und der Länge nach in dünne Blätter schneiden. Zucchini blanchieren, sofort in eiskaltem Wasser abschrecken, aus dem Wasser heben und trocken tupfen. Mit Öl, Essig, Zitronenthymian und Salz marinieren.
5 Zucchini mit Mousse anrichten. Mit Rucola, Kresse und Preiselbeeren garnieren. Alles ein wenig salzen und pfeffern.

Rehschlegel mit Mispeln und Brombeeren

Zutaten für 4 Portionen
Zubereitungsdauer ca. 1 Std.

800 g Rehschlegel (ausgelöst)
100 g Brombeeren
6 Mispeln
3 Knoblauchzehen
Rosmarin
Brombeergelee oder -konfitüre
körniger Senf
4 cl Gin
250 g Sahne
Butter
Erdnussöl
Zucker
schwarze Pfefferkörner
Salz

1 Rehschlegel auf der Innenseite mit Senf bestreichen und mit ein wenig gehacktem Rosmarin bestreuen. Fleisch zusammenklappen und mit Küchengarn nicht zu straff binden. Außen mit Salz und gemahlenem Pfeffer würzen.
2 In einer Pfanne Öl erhitzen und den Rehschlegel rundherum anbraten. Abgezogenen Knoblauch zum Fleisch in die Pfanne geben und das Fleisch im Backofen bei 240 °C ca. 20 Minuten braten.
3 Mispeln entkernen und in Spalten schneiden. Brombeeren putzen. 1/8 l Wasser mit 3 EL Zucker kochen, bis der Zucker aufgelöst ist. Mispeln und Brombeeren darin erwärmen.
4 Fleisch aus der Pfanne heben. Bratensatz mit Gin ablöschen. 1 TL gemahlenen Pfeffer und 2 TL Brombeergelee oder -konfitüre in die Pfanne geben. Sahne zugießen, aufkochen, so viel Butter einmixen, dass sich eine sämige Sauce ergibt. Sauce mit Salz abschmecken.
5 Fleisch in Scheiben schneiden und mit Sauce, Mispeln und Brombeeren anrichten. Als Beilage passen Butternudeln. Dafür 120 g schmale Bandnudeln in gesalzenem Wasser bissfest kochen, in Butter schwenken und salzen.

Rehschlegel mit Mispeln und Brombeeren

– Rezept auf Seite 155 –

17 ROTER WEIN & RIND

Wie Rebensaft Aromakraft schafft

„Die Folge der Speisen geht von den schwereren zu den leichten. Die Folge der Getränke geht von den leichteren zu den schweren." So schrieb Brillat-Savarin in seiner „Physiologie des Geschmacks". Wenn die Getränkefolge also bis zu den schweren Rotweinen fortgeschritten ist, kommen bei den Speisen nur noch die leichten auf den Tisch. Keine in Speck gewickelten Wachteln mehr und keine gespickten Hechte in Krebssauce. Eher Rindfleisch. Das konnte zu Zeiten Brillat-Savarins ja durchaus als geringgewichtig eingeordnet werden und wurde auch gern als Medikament verwendet, wenn nach vieldutzendfachem Genuss von Austern und siebenpfündigen Kapaunen, von Straßburger Gänselebern und fetten Feigenfressern kleine Magenschwächen ruchbar wurden.

Vermutlich ist es auch kein Zufall, dass in manchen Regionen großer Rotweine auch weltberühmte Rinderrassen ihre Weiden haben. Wie etwa die weltberühmteste, das Charolais-Rind, mitten im Burgund grast.

Jedenfalls wird Rindfleisch erst in Verbindung mit der Kraft des roten Weines zu dem Ereignis, das es als Höhepunkt einer großen Speisenfolge denkbar macht. Je enger die Verbindung, desto besser. Dafür ist das im Rotwein geschmorte Rindfleisch ein gutes Beispiel. Für den klassischen BURGUNDER-RINDERBRATEN nehme man gut abgelegene Rinderschulter und guten Pinot noir im Verhältnis 2:1, also 2 kg Fleisch, 1 l Wein. Weniger hat keinen Sinn. Man würze das Fleisch mit Salz und Pfeffer, bestreiche es rundum mit Senf (Dijonsenf wäre passend, Dijon liegt nämlich auch im Burgund) und brate es in heißem Öl oder Schweineschmalz auf allen Seiten an. An Gemüse kommen Karotten, Knollensellerie und Zwiebeln hinzu, nicht zu klein geschnitten, und als Gewürze Lorbeerblatt, schwarze Pfefferkörner, ein klein wenig Kümmel, Thymian und evtl. Bohnenkraut. Mit dem Wein wird aufgegossen, und zwar mit mindestens so viel, dass das Fleisch gut bedeckt ist. Das Fleisch ca. 3 Stunden sieden. Aus dem Wein heben, wonach man endlich beim entscheidenden Punkt angekommen wäre: bei der Verdichtung der Symbiose aus Fleisch- und Weingeschmack. Wein durch ein Sieb gießen und kräftig einkochen, etwa auf ein Drittel der ursprünglichen Menge. Einen guten Schuss Balsamico-Essig zugießen, bei 2 kg Fleisch kann das durchaus 1/8 l sein. Auch 1 EL Zucker einrühren. Mit Salz und Pfeffer abschmecken. Durch Einmixen von kalter Butter binden.

Der Wein zum Rind muss natürlich nicht Burgunder sein. Vor allem weiche Rotweine mit geringer Säure sind bei der Zubereitung von Rindfleischgerichten günstig, und je gehaltvoller, desto besser. Womit auch Portwein, Sherry, Madeira oder natursüße Weine aus dem Banyuls mit eingeschlossen sind.

Eine solche Würze könnte man auch für die Zubereitung eines kraftvollen OCHSENSCHWANZRAGOUTS bereitstellen: In Scheiben geschnittenen Ochsenschwanz (und zwar vom dicken Ende) gemeinsam mit Zwiebeln und Stangensellerie in Olivenöl anbraten, mit Sherry oder dergleichen ablöschen, Flüssigkeit kräftig einkochen. Tomatenmark einrühren, Gewürze wie beim Rinderbraten zugeben, aber auch noch ein paar Gewürznelken und ein kleines Stück Zimtrinde. Mit Wein aufgießen und langsam kochen. Nach ca. 3 Stunden sollte man das Fleisch von den Knochen lösen können. Der Saft wird wieder eingekocht, mit Sherryessig abgeschmeckt und mit Butter gebunden, das abgelöste Fleisch darin noch erwärmt. Die passende Beilage ist Kartoffelpüree, vielleicht mit Trüffelbutter von schwarzen Trüffeln auf adäquate Weise angereichert.

Derartige Saucen kann man noch weiter im Geschmack verstärken. Alles was im Duftverzeichnis der großen Rotweine steht, möge die Phantasie beflügeln. Die Johannisbeeren des Cabernet-Sauvignon, die Kirschen und Sauerkirschen des österreichischen Zweigelt oder des Dolcetta aus dem Piemont, die Amarenakirschen mancher spanischen Weine, die Himbeeren des Burgunders oder die Vanilletöne Barrique-gereifter Weine können Anlass zum hemmungslosen Kochen sein, Schokolade-, Lakritze- und Ingwerdüfte selbstverständlich ebenso.

Mehr oder weniger davon kann man auch einer WEINREDUKTION zugeben: 1/8 l Rotwein, 1/8 l Portwein, 1/16 l Balsamico-Essig, 1/16 l Cassis, 1/16 l Madeira mit blättrig geschnittenen Knoblauchzehen und 1 EL Zucker auf die Hälfte einkochen. Mit angerührtem Maisstärkemehl und Butter zur Sauce binden, mit Salz und schwarzem Pfeffer würzen.

In Kirschwasser gedünstete Kirschen passen da hinein, Brombeeren, Himbeeren oder Johannisbeeren, und gleichermaßen passt diese Komposition auf rohes Rindfleisch à la Carpaccio und, recht dick eingekocht, zum Steak.

Und wenn das Steak ein besonders dickes und kräftiges ist, im besten Fall also ein MASTOCHSENSTEAK, dann sollte auch der Rotweinsaft mit größter Kraft ausgestattet werden. Also zusätzlich klein gehackten Ingwer, angedrückte Pfefferkörner und in Streifen geschnittene Chilischoten mitkochen. Zum Schluss in Spalten geschnittene Dörrzwetschgen einrühren und mit reichlich Balsamico-Essig lebhaft abschmecken. Denn bei aller grundsätzlichen Leichtigkeit des Rindes gibt es doch auch Ausnahmen der Regeln – und beim üppig durchzogenen Fleisch eines Mastochsen kann ein guter Schuss Säure geschmacks- und ernährungsphysiologisch wertvoll sein.

Gesottene Rinderwade mit Rotweinfeigen und Roquefortsauce

Zutaten für 4 Portionen
Zubereitungsdauer ca. 3 1/2 Std.

1,5 kg Rinderwade (ausgelöst)
2 Karotten
1/4 Knolle Sellerie
2 Zwiebeln
Liebstöckel
Sojasauce (dünnflüssig)
2 Lorbeerblätter
Korianderkörner
schwarze Pfefferkörner

Für die Nusspaste
3 Knoblauchzehen
50 g Pinienkerne
50 g gesalzene Erdnüsse
Erdnussöl

Für die Feigen
4 große Feigen
Rosmarin
Marsala oder Portwein
Schweine- oder Butterschmalz
Gewürznelken
Zimtstange

Für die Roquefortsauce
100 g Roquefort
125 g Magerjoghurt
Oregano
Cayennepfeffer
Salz

1 Fleisch für ca. 30 Minuten in kaltes Wasser legen. Karotten, Sellerie und Zwiebeln schälen. Fleisch und Gemüse in frischem Wasser aufsetzen und aufkochen. 1 TL schwarze Pfefferkörner, Korianderkörner, 1 Zweig Liebstöckel, 2 Lorbeerblätter und einen Schuss Sojasauce zugeben. Fleisch zugedeckt bei geringer Hitze ca. 2 Stunden sieden lassen. Zur Garprobe mit einer Fleischgabel ins Fleisch stechen und das Fleisch senkrecht aus dem Wasser heben – wenn es sich dabei von der Gabel löst, ist es ausreichend gegart.
2 Fleisch aus dem Sud heben und in kaltem, leicht gesalzenem Wasser abkühlen lassen.
3 Für die Nusspaste Pinienkerne und Erdnüsse ohne Fett rösten. Klein hacken oder in der Küchenmaschine grob zerkleinern. Mit abgezogenem gepresstem Knoblauch und Öl zu einer streichfähigen Paste verrühren.
4 Fleisch aus dem Wasser heben, mit Küchenkrepp trocken tupfen, mit der Nusspaste rundherum einstreichen. Fleisch in Folie wickeln und gekühlt einige Stunden marinieren lassen.
5 Feigen am Blütenansatz kreuzweise einschneiden und in eine mit Schmalz ausgestrichene ofenfeste Form setzen. 2 oder 3 Gewürznelken, eine Zimtstange und einen Zweig Rosmarin zugeben, einen kräftigen Schuss Marsala oder Portwein zugießen. Im Backofen bei 200 °C ca. 8 Minuten braten. Aus dem Gefäß heben, abkühlen lassen.
6 Saft kräftig einkochen und über die Feigen gießen.
7 Fleisch in dünne Scheiben schneiden und auf Teller geben. Feigen halbieren oder vierteln und dazulegen.
8 Für die Sauce Roquefort mit Joghurt leicht erwärmen, mit dem Stabmixer aufmixen und mit Cayennepfeffer, Salz und Oregano abschmecken.

Herzhafte Sommerküche
Zum Lob der Waden!
Gesottene Rinderwade ist auch die ideale Zutat für schmackhaften Rindfleischsalat. Zum Beispiel in Kombination mit Roten Rüben (Rote Bete). Dafür das gegarte Rindfleisch in messerrückendicke Scheiben schneiden, mit gekochten Roten Rüben auf Teller geben und mit der folgenden Marinade überziehen: 1/8 l vom Rinderfond mit Kümmel, einem kräftigen Schuss Rotweinessig und 2 TL Zucker kräftig einkochen. Alles mit frisch geriebenem Kren bestreuen.

Geschmacksanreicherung

Mehr Würze fürs Rind

Es muss nicht Burgunder sein! Den im Rezept unten beschriebenen Aromasenf kann man natürlich auch mit allen anderen Sorten Rotwein oder mit Süßwein zubereiten. Dabei finden allerlei Weinreste eine sinnvolle Verwendung. Ein Senf wie dieser lässt sich auch für die Zubereitung von Carpaccio verwenden: 1 EL Burgundersenf mit einem Ei, Zucker, Salz, schwarzem Pfeffer und 1/8 l Pflanzenöl mit einem Stabmixer zur Mayonnaise aufmixen. Einen Schuss kochend heißes Wasser einmixen, das macht die Mayonnaise flaumiger und leichter. Hauchdünn geschnittenes rohes Rinderfilet damit beträufeln, mit dem Grün von Stangensellerie bestreuen. Kürbiskerne, Pinienkerne oder Radieschensprossen passen als Ergänzung auch sehr gut dazu.

Gedämpftes Rinderfilet mit Burgundersenf und Artischocken

Zutaten für 4 Portionen
Zubereitungsdauer ca. 1 Std.

4 Rinderfiletsteaks (à 200 g)
8 mittelgroße Artischocken
Knoblauchzehen
Rosmarin
Zitronensaft
Brühe
Erdnussöl
Zucker
schwarze Pfefferkörner
Salz

Für den Senf
1/2 l Blauburgunder
30 ml Cassis
50 g scharfer Senf
1 EL Zucker

Für die Garnitur
Kirschen oder Sauerkirschen

1 Für den Senf Wein mit Cassis und Zucker so lange kochen, bis die Masse sirupartig eingekocht ist. Mit dem Senf verrühren.
2 Von den Artischocken den Stiel beim Ansatz abbrechen und die Blätter der Artischocken rundherum abschneiden. Mit einem Löffel das Heu von den Artischockenböden kratzen, Böden rundherum sauber zuschneiden. Jeden Boden in 4 Stücke schneiden.
3 In einer Pfanne 2 EL Öl erhitzen und die Artischockenböden sowie einige abgezogene Knoblauchzehen darin anbraten. Mit einem Schuss Brühe untergießen, einen Zweig Rosmarin zugeben und im Backofen bei 200 °C ca. 20 Minuten schmoren. Am Ende der Garzeit sollten die Artischocken weich und die Flüssigkeit verdampft sein. Mit Salz, Pfeffer und Zitronensaft abschmecken.
4 Fleisch mit Öl einstreichen, mit grob gemahlenen oder zerdrückten schwarzen Pfefferkörnern bestreuen und auf einer Seite mit Burgundersenf dünn bestreichen. Mit dieser Seite nach oben über Wasserdampf zugedeckt ca. 8 Minuten garen; das Fleisch sollte im Kern rosa bleiben.
5 Artischocken auf Teller geben. Steaks darauf setzen. Zur Garnitur und Dekoration Kirschen und Rosmarin dazugeben.

Gesottener Kavalierspitz mit Quittenbirnen

Zutaten für 8 Portionen
Zubereitungsdauer ca. 3 Std.

1 Kavalierspitz (Schulterspitze, ca. 2 kg)
4 Karotten
1/2 Knolle Sellerie
2 Zwiebeln
2 Knollen Knoblauch
Kräuter wie Liebstöckel, Majoran, Minze, Kerbel, Koriandergrün …
evtl. ein Stück Speckschwarte
scharfer Senf
1,5 l guter, dunkler Rotwein
Schweineschmalz oder Pflanzenöl
Butter
Maisstärkemehl
Wacholderbeeren
schwarze Pfefferkörner
Salz

Für die Quittenbirnen
8 kl. Birnen
Quittenschnaps
Butterschmalz
Rohrzucker

1 Karotten, Sellerie und Zwiebeln schälen und halbieren. Die ganzen Knoblauchknollen ungeschält halbieren.

2 Fleisch rundherum mit Senf einstreichen und mit Salz und Pfeffer würzen. In 2 EL Schweineschmalz oder Pflanzenöl auf allen Seiten anbraten. Gemüse und eventuell auch ein Stück Speckschwarte zugeben. Mit Wein aufgießen. Aufkochen, einige schwarze Pfefferkörner, ein wenig Liebstöckel, Majoran und Wacholderbeeren zugeben. Fleisch zugedeckt ca. 2 1/2 Stunden sieden; zur Garprobe das Fleisch mit einer Fleischgabel anstechen, die Gabel sollte ohne merklichen Widerstand durch das Fleisch dringen.

3 Für die Quittenbirnen eine Pfanne mit Butterschmalz ausstreichen und mit Rohrzucker ausstreuen. Birnen in die Pfanne stellen, einen Schuss Quittenschnaps zugießen, im Backofen bei 200 °C ca. 30 Minuten schmoren.

4 Fleisch aus dem Topf heben und warm stellen. Die Flüssigkeit auf die Hälfte der ursprünglichen Menge einkochen. Gemüse aus dem Fond heben und in mundgerechte Stücke schneiden.

5 Etwas Maisstärkemehl mit wenig Wasser glatt rühren und in den Fond einrühren, sodass sich eine leichte Bindung ergibt. Sauce durch ein Sieb streichen, 2 bis 3 EL Butter einmixen.

6 Fleisch in Scheiben schneiden und in die Sauce legen. Gemüse mit klein geschnittener Minze, Liebstöckel, eventuell auch mit Kerbel oder Koriandergrün vermischen und als Beilage servieren.

Rinderfilet mit Kürbis und Schalottenkonfitüre

Zutaten für 4 Portionen
Zubereitungsdauer ca. 3/4 Std.

4 Rinderfiletsteaks (à 200 g)
Butterschmalz
Pfeffer
Salz

Für die Schalottenkonfitüre
15 Schalotten
1 l Rotwein
1/4 l Portwein
1/8 l Balsamico-Essig
Rotweinessig
Maisstärkemehl
Zucker
schwarze Pfefferkörner
Salz

Für den Kürbis
300 g Muskatkürbis
1/4 l Hühnerbrühe
Tapiokamehl

1 Zuerst die Schalottenkonfitüre zubereiten: Schalotten abziehen und blättrig schneiden. Mit Wein, Portwein, Balsamico-Essig und 1 EL Zucker so lange kochen, bis die Flüssigkeit auf 1/4 der ursprünglichen Menge eingekocht ist.
2 Ein wenig Maisstärkemehl in Wasser anrühren und zu den Schalotten gießen. Einkochen, bis der Fond leicht gebunden ist. Alles in ein Sieb gießen und die Flüssigkeit abfließen lassen. Dabei nicht zu sehr drücken, denn die Schalotten sollen noch ein wenig Feuchtigkeit behalten.
3 Schalotten mit 2 EL Zucker, 1 TL grob gemahlenem Pfeffer und einem Schuss gutem Rotweinessig verrühren. In einen Topf geben, bei geringer Hitze noch ein wenig ziehen lassen.
4 Abgegossenen Wein mit Salz und Pfeffer abschmecken.
5 Fleisch mit gemahlenem Pfeffer würzen und auf allen Seiten in heißem Butterschmalz anbraten. Im Backofen bei 220 °C bis zum gewünschten Garzustand braten. Aus dem Backofen nehmen und noch ca. 10 Minuten bedeckt oder in Folie eingeschlagen ruhen lassen. Danach erst salzen.
6 Kürbis schälen und in dünne Blätter schneiden.
7 Brühe in einer Pfanne zum Kochen bringen. Ein wenig Tapiokamehl in wenig Wasser anrühren und so viel davon in die Brühe einkochen, dass eine mäßige Bindung entsteht. Kürbis einlegen und zugedeckt 1 bis 2 Minuten ziehen lassen, mit Salz abschmecken.
8 Steaks auf Teller legen. Schalottenkonfitüre auf die Steaks häufen. Kürbisblätter darauf drapieren. Mit dem eingekochten Wein der Schalotten überziehen.

Synergie der fruchtigen Süße
Rotwein und Schalotten
Auch ohne Steak macht Schalottenkonfitüre viel Freude: Auf getoastetes oder in Olivenöl gebratenes Baguette geben, dazu luftgetrocknetes Rindfleisch und frische Datteln naschen! Die Schalotten kann man übrigens auch ganz lassen und so lange im Rotwein leise kochen und schmoren, bis sie weich und rundherum glasiert sind. Sie passen dann zu gebratenem Rindfleisch oder Wild und in jedes Antipasti-Arrangement.

Rinderfilet mit Kürbis und Schalottenkonfitüre

– Rezept auf Seite 165 –

Ricotta-Rinderrouladen

>

Zutaten für 4 Portionen
Zubereitungsdauer ca. 1/2 Std.

8 dünne Scheiben von der Rinderlende (à 80 g)
150 g Ricotta
Minze
Salz, Pfeffer

Für die Sauce
1 dünne Scheibe Frühstücksspeck
1 Zwiebel
4 Dörrzwetschgen
1 EL Rosinen
1 EL Pinienkerne
60 ml Amaretto
60 ml Balsamico-Essig
60 ml Portwein
60 ml Cassis
Salz, Pfeffer

1 Für die Sauce Speck in dünne Streifen schneiden. Zwiebel abziehen und in schlanke Spalten schneiden. Zwetschgen in Streifen schneiden. Alle Zutaten in einen Topf geben und 5 Minuten leise kochen lassen. Mit Salz und Pfeffer abschmecken.
2 Vom Fleisch die Sehnen wegschneiden. Minze in Streifen schneiden (2 EL voll). Fleisch mit Ricotta bestreichen, mit Salz, Pfeffer und Minze bestreuen. Fleisch zu Rouladen rollen. Ränder der Rouladen mit Zahnstochern oder Spießchen fixieren.
3 Rouladen über Wasserdampf in einem geschlossenen Topf ca. 8 Minuten garen. Mit Sauce anrichten und mit Minze bestreuen.

Ochsenschwanzragout mit Nudeln

Zutaten für 6 Portionen
Zubereitungsdauer ca. 3 Std.

2 kg Ochsenschwanz (vom breiten Ende, in Stücke geschnitten)
2 Steinpilze
2 Karotten
1 Stange Sellerie
8 Schalotten
1 Knolle Knoblauch
ca. 1 l Rotwein
Balsamico-Essig
Estragonsenf
150 g Bergkäse
Butter
300 g breite Bandnudeln
1 Lorbeerblatt
Kümmel
Pfeffer
Salz

1 Karotten, Sellerie und Schalotten schälen bzw. putzen und die Fäden abziehen. Knoblauchzehen samt Schale halbieren.
2 Fleisch salzen, pfeffern und in Butterschmalz rundherum anbraten. Gemüse zugeben und 2 EL Senf einrühren. 1 TL Pfefferkörner und das Lorbeerblatt zugeben. Einen Schuss Essig und so viel Wein zugießen, dass das Fleisch bedeckt ist. Im geschlossenen Topf so lange schmoren, bis sich das Fleisch vom Knochen löst. Das dauert ca. 2 1/2 Stunden.
3 Fleisch und Gemüse aus dem Topf heben. Fleisch von den Knochen lösen. Das Fett weggeben. Fleisch und Gemüse in mundgerechte Stücke schneiden.
4 Saft durch ein Sieb streichen und auf ca. 1/4 l einkochen. So viel kalte Butter einmixen, dass eine sämige Sauce entsteht, mit Salz und Pfeffer abschmecken.
5 Nudeln in gesalzenem Wasser bissfest kochen.
6 Pilze klein schneiden und in Butter braten. Pilze, Fleisch, Gemüse und Sauce vermischen. Ragout unter die Nudeln heben. Auf Teller geben und mit geriebenem Käse bestreut servieren.

18 BITTER & SÜSS

Harmonie für Fortgeschrittene

Der jugendliche Gaumen empfindet vor allem das Reintönig-Strahlende, das Fruchtige und Süße angenehm. Mit fortschreitender Ausbildung verliert der Gaumen aber seine Freude an undifferenzierten Eindeutigkeiten und interessiert sich mehr für geheimnisvolle, komplexe Geschmacksverbindungen und die Tiefen des Aromaspektrums. Daher auch für das Adstringierende, das Herbe und das Bittere. Die Kombination von Bitter und Süß ist also eher eine Sache für erwachsene Genießer.

Bei den feststofflichen Genüssen ist Bitter & Süß mindestens genauso interessant wie in Form der bekannten Flüssigkeiten. Die Zugabe der leicht bitteren Preiselbeeren zum süßlichen Wild ist bewährt, genauso wie das Untergießen eines Schweinebratens mit bittersüßem Bier. Das Thema lässt sich bei der Vollendung des Bratens oder der Wildgerichte auf angenehme Weise weiterspinnen. Indem man die Schwarte des Schweinebratens – so er hoffentlich eine solche hat – mit Honig glaciert und/oder GLACIERTE KARTOFFELN als Beilage serviert; dazu die Kartoffeln wie üblich braten, zuckern und nochmals in der heißen Pfanne schwenken. Indem man der Wildsauce ein wenig Bitterschokolade beigibt oder einen Schuss Wermut oder Chartreuse.

Für das Spiel mit Bitter & Süß bieten sich auch CHICORÉE oder RADICCHIO an. Ein Rezept für karamellisierten Chicorée steht auf der nächsten Seite. Wer das bittersüße Vergnügen noch vertiefen will, variiert es und untergießt den Chicorée mit dunklem Bier.

LÖWENZAHNSIRUP ist eine originelle Zutat für Geräuchertes, Spargel oder süßliche Gemüse wie Karotten oder Kohlrabi. Man macht ihn so: Löwenzahnblüten 2 Tage in recht süßes Zuckerwasser legen (man nehme viele Löwenzahnblüten, das Glas soll voll sein). Flüssigkeit abseihen und einkochen, bis sie die Konsistenz von Honig hat.

Mit grüner Mango lässt sich eine delikat-bittere Note in FERNÖSTLICHE Gerichte bringen. Man nehme feinst geschnittenes, saftiges Schweinefleisch und brate es in Pflanzen- und Sesamöl bei kräftiger Hitze an. Rühre Honig ein und würze mit salziger Sojasauce, Sesamsamen, fein geschnittenem Ingwer und feinblättrig geschnittener grüner Mango. Am Schluss kann noch ein Schuss dunkles Bier dazugegeben werden. Dazu passt gerösteter Reis mit Chili und gerösteten Nüssen, in den man ebenso gut die grüne Mango geben kann.

Eingelegte GRÜNE TOMATEN sind bittersüß und bieten sich als Beilage zu Leberpastete und Geflügel mit Honigglasur an. Grün geerntete Tomaten vielfach anstechen und in ein Glas legen. Weißweinessig und Wasser im Verhältnis 1:1 mit ganzen Knoblauchzehen, Zucker, Pfeffer-, Senf- und Korianderkörnern kochen und noch kochend über die Tomaten gießen. Tomaten vor der Verwendung mindestens einen Monat ziehen lassen.

Und schließlich sind die eingelegten grünen (und später) SCHWARZEN NÜSSE eine kostbare Beilage zu Desserts und dunklem Fleisch. Kostbar, weil die Zubereitung wertvolle Zeit erfordert. Erstens das Pflücken; nicht später als Ende Juni, denn danach sind die Kerne der Nüsse meist verholzt. Zweitens das Einlegen. Wie lang der Weg von der grünen zur schwarzen Nuss ist, steht auf Seite 176.

Das Arsenal der bittersüßen Würzen reicht vom Artischockenlikör bis zum Grapefruitsaft.

LÖWENZAHNKRAPFERL >

Zutaten für 4 Portionen
Zubereitungsdauer ca. 20 Min.

200 g Löwenzahn, Sauerampfer, Radicchio oder andere herbe Salate und Kräuter
Pflanzenöl
Puderzucker

Für den Teig
300 g griffiges Mehl (oder Spezialmehl für Hefe- und Nudelteige)
3 Eier
2 cl Artischockenlikör oder Magenbitter
1 gestr. TL Backpulver
Salz

1 Die Zutaten für den Teig mit ca. 150 ml eiskaltem Wasser verrühren; die Masse sollte weich, aber zäh sein.
2 Salate und Kräuter putzen, in fingerbreite Streifen schneiden und in den Teig rühren.
3 In einer Pfanne reichlich Öl erhitzen, Kräuterteig löffelweise einlegen (am besten mit einem zweiten Löffel hineinstreichen). Mäßig braun backen, dabei einmal wenden, hin und wieder mit dem heißen Öl übergießen.
4 Krapferl aus der Pfanne heben, auf Küchenkrepp abtropfen lassen. Mit einem Hauch Puderzucker servieren.

KARAMELLISIERTER CHICORÉE

Zutaten für 4 Portionen
Zubereitungsdauer ca. 20 Min.

4 Chicoréestauden
Steinpilze (auch getrocknete)
Balsamico-Essig
Butter
Zucker
Pfeffer
Meersalz

1 Chicorée der Länge nach halbieren, Strunk keilförmig ausschneiden.
2 In einer weiten Pfanne 2 EL Butter erhitzen, Zucker einstreuen, Chicorée mit der Schnittfläche nach unten einlegen. Pilze in die Pfanne streuen. Chicorée 5 bis 10 Minuten zugedeckt schmoren. Mit Balsamico-Essig, Salz und Pfeffer abschmecken.

Dazu passt hervorragend in Butter gebratenes Bries oder Karpfen-Milcher (was der Rogen beim weiblichen Fisch, ist der Milcher beim männlichen).

< Rhabarber-Apfel-Torte mit Campari

Zutaten für 1 Torte mit 24 cm Ø
Zubereitungsdauer ca. 1 1/2 Std.

600 g Rhabarber
250 g Äpfel
2 unbehandelte Orangen
1 Zitrone
50 g gemahlener Mohn
250 g Marzipanrohmasse
25 cl Campari
250 g Crème fraîche
250 g Mascarpone
250 g Sahne
12 Eigelb
1 Päckchen Vanillepuddingpulver
50 g Zucker

1 Rhabarber schälen, in 1 cm lange Stücke schneiden, mit Campari begießen und ein wenig marinieren lassen.
2 Crème fraîche, Mascarpone und Vanillepuddingpulver mit dem Saft der Zitrone, Zucker und Eigelb cremig rühren.
3 Ein Backblech mit Backpapier belegen. Marzipanrohmasse darauf geben und ca. 1/2 cm dick ausrollen. Mit dem Ring einer Springform einen Boden von 24 cm Durchmesser ausstechen und mit Mohn bestreuen (der Springformrand bleibt auf dem Backblech).
4 Rhabarber abseihen und gut abtropfen lassen. Den Campari dabei auffangen.
5 Äpfel schälen, vierteln, Kerngehäuse ausschneiden. Äpfel in dünne Spalten schneiden.
6 Rhabarber und Äpfel vermischen, in die Springform geben, mit der Crème-fraîche-Masse zustreichen. Torte im Backofen bei 180 °C ca. 50 Minuten backen. In der Form auskühlen lassen.
7 Orangen mit einem Sparschäler ganz dünn schälen. Orangenschalen in feine Streifen schneiden. Campari mit Orangenschalen auf nahezu sirupartige Konsistenz einkochen.
8 Sahne steif schlagen und die Torte damit glatt bestreichen. Den Ring lösen und abheben.
9 Torte in Stücke schneiden, auf Teller geben und mit Campari-Sirup und Orangenschalen garnieren.

Grapefruitgelee mit Marsalaschaum

Zutaten für 6 Portionen
Zubereitungsdauer ca. 20 Min.

2 rosa Grapefruits
gehackte Pistazien
1/4 l Grapefruitsaft
60 ml Schaumwein
5 g Tortengelee (Pulver; „Tortenguss“)

Für den Marsalaschaum
12 cl Marsala
1 Eigelb
1 EL Vanillezucker

Für die Dekoration
Minze

1 Grapefruits so schälen, dass auch die Haut vom Fruchtfleisch geschnitten wird. Fruchtfleisch in Spalten zwischen den Trennhäuten herausschneiden. Diese „Grapefruitfilets“ in Serviergläser oder Schalen geben und mit Pistazien bestreuen.
2 Grapefruitsaft durch ein Sieb gießen und aufkochen. Tortengeleepulver und Schaumwein einrühren. Saft auf die Grapefruitfilets gießen. Kalt stellen.
3 Marsala mit Eigelb und Vanillezucker über Wasserdampf schaumig schlagen. Dieses Sabayon auf das Gelee geben. Mit Minze dekoriert servieren.

Kernöl-Walnusslikör-Eisparfait mit Zwergorangen

Für 1,8 l / etwa 15 kleine Portionen
Zubereitungsdauer ca. 1 Std.

6 Eier
250 g Sahne
5 EL Kürbiskernöl
5 cl Walnusslikör
110 g Zucker
2 g Vanillezucker

Für die Orangen
350 g Zwergorangen (Kumquats)
evtl. Minze
150 g Zucker

Für die Garnitur
Likör (Eierlikör, Cassis, Walnusslikör…)

1 Für die Orangen 1/4 l Wasser mit Zucker und eventuell ein paar Stängeln Minze kochen, bis der Zucker geschmolzen ist. Die Orangen waschen, halbieren und entkernen. Mit dem heißen Zuckerwasser übergießen und ein paar Stunden ziehen lassen.
2 Parfaitformen mit Alufolie auslegen; Parfaitformen ähneln Rehrückenformen, sind aber schlanker und haben keine Rippen.
3 Für den Parfaitmantel 4 Eiweiß mit 70 g Zucker zu steifem Schnee schlagen. Schnee in einen Spritzbeutel füllen, streifenweise und der Länge nach die Wände der Formen ausspritzen. Formen in den auf 250 °C vorgeheizten Backofen schieben und den Parfaitmantel ca. 4 Minuten backen.
4 Sahne steif schlagen.
5 Zwei Eier, 1 Eigelb, 40 g Zucker und Vanillezucker über Wasserdampf auf Körpertemperatur aufschlagen, vom Herd nehmen und so lange weiter schlagen, bis die Masse cremig und wieder abgekühlt ist. Sahne unter die Eiermasse heben. Likör und Kürbiskernöl einrühren. Masse in die Formen füllen und mindestens einen halben Tag tiefkühlen.
6 Parfait aus den Formen stürzen, in Scheiben schneiden und mit Zwergorangen als Garnitur anrichten. Zusätzlich ein wenig Likör (Eierlikör, Cassis, Walnusslikör) auf die Teller träufeln. Als Garnitur passen auch eingelegte schwarze Nüsse.

Und Nougatblätter für die Dekoration

Ein kleines Spiel mit großer Wirkung: 50 g Eiweiß mit 50 g Nougatpaste (z. B. Nutella), 3 EL Maisstärkemehl und 1 EL geriebenen und gerösteten Haselnüssen verrühren und ca. eine Stunde ziehen lassen. Ein Backblech mit Butter bestreichen. Nougatmasse dünn auf das Blech streichen, bei 220 °C in wenigen Minuten zu brauner Farbe backen. Mit einer Spachtel oder Palette vom Blech heben. Anschließend in Stücke brechen und das Dessert damit garnieren.

Ein erprobtes Rezept

Der lange Weg zur bittersüßen schwarzen Nuss

500 g grüne Walnüsse mehrfach einstechen und 4 Tage wässern, dabei das Wasser mehrfach wechseln. Nüsse in viel frischem Wasser weich kochen. 500 g Zucker mit 1/2 l Wasser, einer halben Stange Zimt, 3 Gewürznelken und einem Sternanis aufkochen. Nüsse zugeben, aufkochen und im erkaltenden Sirup 12 Stunden stehen lassen. Nüsse aus dem Sirup nehmen, weitere 120 g Zucker in den Sirup geben, erneut aufkochen. 60 g Glukosesirup einrühren (im Konditorbedarf erhältlich). Nüsse in Gläser geben. Mit dem Sirup übergießen, Gläser dicht verschließen. Nüsse vor der Verwendung 2 Monate reifen lassen.

19 MILCH & HONIG

Die ewige Versuchung

Milch & Honig – das verheißt paradiesische Süße und barocke Üppigkeit. Die Vorahnung ist leicht einlösbar, vor allem wenn wir Sahne als Derivat der Milch in das Spiel mit einbeziehen.

Aber Milch & Honig führt auch auf dem Gebiet der schlanken & pikanten Gourmandisen zu himmlischen Gerichten. Die pikanten kommen bekanntlich vor den süßen Naschereien, deshalb auch hier zuerst.

Man könnte BUTTERMILCH-HONIG-GURKEN ins Auge fassen und dafür Gurken in feine Scheiben oder haselnussgroße Würfel schneiden oder auf einem Gemüsehobel in Spaghetti-artigen Schlangen abheben, die Gurken salzen und ein paar Minuten ziehen lassen. Inzwischen Buttermilch mit Honig, Cayennepfeffer, Zitronensaft und einem Hauch von Knoblauch mixen, und weil sich der Honig in eiskalten Flüssigkeiten nur widerwillig löst, hat die Buttermilch bei diesem Vorgang Zimmertemperatur. Die Menge des Honigs ist wie alles eine Frage des persönlichen Geschmacks, 1 EL auf 1/8 l Milch kann man als Richtwert nehmen. Gurken ein wenig ausdrücken, den Saft nicht weggeben, sondern in die Buttermilchmischung mixen; oft schmeckt der Saft ja mehr nach Gurke als die Gurken selbst. Marinade mit den Gurken vermischen. Wer daran gewöhnt ist, gibt auch Dillspitzen dazu. Lebhaft mit Cayennepfeffer abgeschmeckt, passt dieser Salat sehr gut zu Krustentieren, von KREBSEN BIS ZU HUMMER und Langusten. Auch gebratene Jakobsmuschelmedaillons sind eine sinnvolle Ergänzung. Wer aber vegetarisch bleiben will und über den nötigen Wagemut verfügt, bereichert den Salat um Avocadostücke und bestreut ihn mit geriebenen Schalen von Orangen und/oder Limetten. Klar, dass man auch ein paar Grapefruitfilets unterheben könnte.

Und noch ein Salat mit Milch & Honig! Diesmal unexotisch. Grüne Bohnen in Salzwasser kochen. In Würfel geschnittenen Speck und Weißbrot sowie klein geschnittene Frühlingszwiebeln in Olivenöl knusprig braten (den Speck und das Brot, die Zwiebeln sollten nicht verbrennen, deshalb gibt man sie ganz zum Schluss dazu). Diese Mischung mit den Bohnen mischen. Für das BUTTERMILCH-DRESSING die folgenden Zutaten mixen: 1/8 l Buttermilch, 1 EL Honig, 2 Knoblauchzehen, Estragonessig, Kümmel, Paprikapulver, Salz. Die Sache kann recht kräftig gewürzt sein, denn so passt der Salat zu Spare-Ribs und Chicken-Wings, gegrillten Lammkoteletts und Schweinefilet und auch zum Karpfen auf die „serbische Art".

RETTICHSALAT würde auch zu diesen passen. Rettich raspeln und salzen. 1 EL Honig mit 1/8 l Sauerrahm, Apfelessig und Kümmel verrühren und mit Rettich vermischen.

Als süße Grundrezepte der Milch-&-Honig-Harmonie könnte man erstens eine HONIGSAUCE ins persönliche Repertoire übernehmen. Sie ist im Rezept für Honigeis versteckt (zu finden auf Seite 183), mit der kleinen Änderung, dass keine Schlagsahne untergehoben und die Masse nicht gefroren wird.

Zweitens eine FLORENTINERMASSE. Sie wird auf Mürbteig gestrichen und gebacken: Für den Teig 150 g kalte Butter, 70 g Puderzucker und 200 g glattes Mehl am besten mit Hilfe einer Küchenmaschine rasch kneten. Teig in Frischhaltefolie einschlagen und kühlen. Teig messerrückendick ausrollen, auf ein Blech geben und bei 200 °C zu leichter Braunfärbung backen. 125 g Sahne mit 2 EL Honig und 300 g Butter ca. 5 Minuten kochen. Jeweils 60 g Orangeat, Zitronat, Pistazien und kandierte Kirschen klein schneiden und gemeinsam mit 120 g gehobelten Mandeln einrühren. Masse auf den Teig gießen, so lang backen, bis die Oberfläche goldgelb ist. Kuchen im lauwarmen Zustand in Stücke schneiden. Passt wunderbar zum Kaffee!

Bananennockerl mit Honigmilch

Zutaten für 6 Portionen
Zubereitungsdauer ca. 3/4 Std.

2 Bananen
1 unbehandelte Zitrone
1 Mango
6 Eier
Honig
Milch
Butter
Kokoslikör
griffiges Mehl (oder Spezialmehl für Hefe- und Nudelteige)
Zucker
Puderzucker
Salz

1 Bananen schälen, jede Banane in 3 Stücke schneiden.
2 Sechs ofenfeste Förmchen mit Butter ausstreichen. Jeweils 1 TL Honig, 1 EL Milch und eventuell einen Spritzer Kokoslikör in die Formen geben. Bananenstücke in die Formen stellen.
3 Eier trennen. Eiweiß mit einer Prise Salz und 4 EL Zucker zu Schnee schlagen. Der Eischnee soll leicht und luftig, keinesfalls schnittfest sein.
4 Zitronenschale abreiben. Zitronenschale, 4 Eigelb und 2 EL griffiges Mehl am besten mit einem Rührbesen in den Eischnee rühren.
5 Masse mit Hilfe einer Teigkarte über die Bananenstücke ziehen. In den vorgeheizten Backofen schieben und bei 220 °C ca. 8 Minuten backen.
6 Mango schälen, Fruchtfleisch vom Kern schneiden und pürieren. Bananennockerl sofort nach dem Backen mit Puderzucker bestreuen und mit Mangopüree servieren.

Honigeis mit Milchreis und Rhabarberkompott

Zutaten für 8 Portionen
Zubereitungsdauer ca. 2 1/2 Std.

Für den Milchreis
200 g Jasminreis
1/2 l Milch
200 g Sahne
200 g Joghurt
Honig
1 Vanilleschote

Für das Honigeis
6 Eier
100 g Honig
1/2 l Milch
125 g Sahne

Für das Rhabarberkompott
3 Stangen Rhabarber
1/2 Limette
150 g Zucker
evtl. Waldmeister

1 Für das Eis die Eier trennen. Eigelb und Honig mit dem Handrührgerät gut schaumig rühren.
2 Milch aufkochen. Ca. 1/8 l heiße Milch mit der Eimasse zügig verrühren, diese Masse zu der restlichen Milch geben und unter Rühren auf ca. 72 °C erhitzen. Bei dieser Temperatur werden Eier bakteriologisch unbedenklich, stocken aber noch nicht. Die Masse darf nicht kochen! Topf in kaltes Wasser stellen, Masse abkühlen lassen.
3 125 g Sahne einrühren. Masse in der Eismaschine frieren.
4 Für das Kompott Rhabarber abziehen und in 3 cm lange Stücke schneiden. 1/2 l Wasser mit Limettenspalten und Zucker aufkochen, wenn möglich auch einige Blätter vom Waldmeister mitkochen. Rhabarber zugeben, einmal aufwallen lassen. Kompott sofort in eine Schüssel gießen und in eiskaltem Wasser abkühlen lassen.
5 Reis mehrfach mit kaltem Wasser waschen, mit Milch und einer aufgeschnittenen Vanilleschote zugedeckt weich dünsten. Reis auskühlen lassen. Vanilleschote entfernen.
6 200 g Sahne steif schlagen, mit Joghurt, 2 EL Honig und dem erkalteten Reis verrühren.
7 Milchreis mit Rhabarberstücken und Honigeis anrichten, eventuell mit getrockneten Rhabarberschalen dekorieren. Rhabarbersaft extra servieren.

Zur Zierde der Desserts

Was beim Schälen von Obst und Gemüse abfällt, muss nicht Abfall sein. Rhabarber-, Apfel- oder auch Spargelschalen können in eine schmackhafte Zierde für Desserts verwandelt werden: Wasser und Zucker im Verhältnis 2:1 kochen, bis der Zucker aufgelöst ist. Zuckerwasser auskühlen lassen. Fein abgeschälte Schalen ca. eine Stunde in das Zuckerwasser geben, auf Backpapier legen und im Backofen bei 50 °C trocknen.

Das offene Geheimnis des Nussgeschmacks

Frisch geröstet – mehr Aroma

Der große Küchenkünstler Auguste Escoffier antwortete auf die Frage nach dem Geheimnis des Geschmacks: Butter, Butter, Butter. In Bezug auf Nüsse hätte er gewiss „rösten, rösten, rösten" gemeint. Denn erst durch mäßiges Erwärmen ohne Zugabe von Fett entwickeln Nüsse ihr ganz besonderes Aroma. Vorsicht ist jedoch angebracht: Die feinen Hüllen der Walnuss- und Haselnusskerne verbrennen leicht, was eine unerwünschte derbe Note ins Geschmacksgefüge bringt.

Duftreis-Creme mit Honignüssen

Zutaten für 12 kleine Portionen
Zubereitungsdauer ca. 2 1/2 Std. (inkl. Kühlzeit)

100 g Duftreis
350 g Nüsse (durchaus gemischt und auch Pistazien oder Mandeln)
2 Pfirsiche
100 g weiße Kuvertüre
4 Eigelb
Eierlikör
Pfirsichlikör
400 g Sahne
200 ml Milch
Honig
1 Vanilleschote
3 g Blattgelatine
Zucker

Für die Vollendung
1/4 l Milch
Beeren nach Saison

1 Reis mit kaltem Wasser mehrfach waschen, mit Milch und der aufgeschnittenen Vanilleschote zugedeckt weich dünsten. Reis abkühlen lassen.

2 Kuvertüre über Wasserdampf schmelzen und auf ein Backpapier streichen. 12 Ringe mit 6 cm Durchmesser auf die Kuvertüre setzen.

3 Pfirsiche abziehen, entsteinen und unter Zugabe von 4 EL Honig und einem Schuss Eierlikör pürieren.

4 Gelatine in kaltem Wasser einweichen. Eigelb mit 2 EL Zucker cremig rühren. Sahne halb steif schlagen und unter Eigelb heben. Gelatine ausdrücken, mit ein wenig Pfirsichlikör erwärmen und schmelzen. Gelatine in die Eicreme rühren. Die Hälfte dieser Masse mit dem Reis vermischen und in die Ringe füllen. Restliche Masse darauf füllen. Gut kühlen.

5 Nüsse in einer Pfanne erhitzen, 100 g Honig zugeben. Alles so lange erhitzen und wenden, bis die Nüsse rundherum mit Honig überzogen sind. Abkühlen lassen.

6 Creme auf Teller stürzen, Ringe abziehen und die Creme mit Nüssen garnieren.

7 Zur Vollendung Milch in einem Mixbecher schaumig mixen, über das Mus ziehen. Eventuell auch mit Holunderbeeren, Johannisbeeren oder lediglich Johannisbeerlikör dekorieren.

20 RUM & SCHOKOLADE

Karibisches Aromaspiel

Mächtig und dominierend ist der Geschmack von dunkler Schokolade, doch gute dunkle Schokolade ist bei aller Kraftentfaltung immer auch geheimnisvoll und vielschichtig im Aromaspiel. Da bedarf es schon schwergewichtiger und klug gewählter Zutaten als Ergänzung, wenn nicht eins und eins weniger als zwei ergeben soll.

Bei der Fusion von Früchten mit Schokolade bedient man sich am besten im Arsenal des konzentriertesten Geschmacks, nämlich bei den Destillaten. Zum Rum greift man zuallererst. Der stammt aus keiner Frucht, aber immerhin aus der Karibik und damit aus einer Urheimat der Schokolade. Die opulente Süße, der Karamellton, das Rauchige des braunen Rums bereichern das Aromaspektrum der Schokolade um passende Facetten.

Nicht nur der Rum, auch andere Destillate ergeben im Zusammenspiel mit Schokolade überzeugende Geschmacksverbindungen: Kaffee- oder Kokoslikör, Brandy, Cognac, Armagnac, Whisky. Destillate aus Steinobstsorten, wie Marille, Zwetschge und vor allem Kirsche, passen wegen des gewissen Marzipantons.

Mit diesem Sortiment an hochprozentigem Fruchtgeschmack lässt sich MOUSSE AU CHOCOLAT auf immer wieder interessante Art variieren. Zu den unendlich vielen Schokomus-Rezepten sei dieses hier im Kernton der Überzeugung aus vielfacher Erprobung hinzugefügt: 3 Eier mit 3 Eigelb, 100 g Zucker und einem guten Schuss Rum mit dem Handmixgerät über Wasserdampf füllig aufschlagen. Schüssel vom Dampf nehmen und so lange weiterrühren, bis die Masse fast kalt ist. 300 g Kuvertüre mit 60 bis 70 % Kakaogehalt schmelzen. So weit abkühlen lassen, dass sie gerade noch flüssig ist. Mit der Eiermasse vermischen. 60 g Sahne steif schlagen. Einen Teil davon kräftig einrühren, den Rest locker unterziehen. Masse kühlen.

Nehmen wir dieses Mus als erstes der Rum-&-Schokolade-Basics. Als zweites sei eine SCHOKOLADE-RUM-SAUCE angeführt: 1/4 l Wasser, 250 g dunkle Schokolade, 40 g Butter, 100 g Zucker und einen guten Schuss Rum in eine Schüssel geben und erhitzen, bis Schokolade und Butter geschmolzen sind und die Masse fast aufkocht. Die Hitzezufuhr sei natürlich moderat, man rührt dabei auch um, damit nichts anbrennt.

Diese Sauce passt zu Soufflés und für Eisdesserts, man könnte sie aber auch für Wildgerichte verwenden (wenn auch nicht gleich einen ganzen Hasen damit überziehen, wie man das aus Frankreich kennt): Schokosauce im Verhältnis 1:5 in die Wildsauce rühren, evtl. auch Rumrosinen (siehe Seite 190) dazugeben und auch bei der Beilage in der gleichen Richtung bleiben, z. B. cremige Polenta kochen und einen guten Schuss Rum einrühren.

Basic Nr. 3 ist eine GANACHE. Man findet sie in den allermeisten Trüffeln. Die wohl einfachste dieser Cremen geht so: 500 g Sahne mit 400 g dunkler Kuvertüre und einem Schuss Rum über Wasserdampf cremig aufschlagen, Schüssel vom Herd nehmen und die Masse so lang weiter schlagen, bis sie abgekühlt ist. Die Creme kann man kühlen, in kleinen Häufchen ausstechen, in Kakao oder Puderzucker wälzen und auf diese Art Truffes herstellen. Man kann sie in größeren Nocken ausstechen, Rumrosinen als Beilage geben und als Dessert servieren. Man kann die Creme teelöffelweise ausstechen, in Minzblätter einschlagen und auf diese Weise originelle Petits fours erzeugen. Mit ein klein wenig Phantasie kann man die Ganache für noch viel mehr verwenden.

Schokosoufflé mit Rumzwetschgen

Zutaten für 8 Portionen
Zubereitungsdauer ca. 1 1/2 Std.

100 g dunkle Schokolade
100 g geriebene Walnusskerne
100 g Butter
6 Eier
30 g Semmelbrösel
100 g Zucker
Salz

Für die Dekoration
250 g Sahne
1 EL Sauerrahm (saure Sahne)
Kräuter (Melisse, Minze, Waldmeister ...)

Für die Zwetschgen
32 entkernte Dörrzwetschgen
1 unbehandelte Orange
1 unbehandelte Zitrone
12 cl Rum
1/4 l Rotwein und/oder Portwein
Ingwer
Sternanis
Fenchelsamen
Korianderkörner
Kaffeebohnen
50 g Vanillezucker
schwarze Pfefferkörner

Außerdem
Butter und Puderzucker für die Formen

1 Zuerst die Zwetschgen zubereiten: Zwetschgen mit Rum, Wein, Vanillezucker, einigen Pfeffer- und Korianderkörnern, einigen Scheiben Ingwer, 2 Sternanis, Kaffeebohnen, einer Prise Fenchelsamen sowie den Schalen von Orange und Zitrone ca. 12 Stunden marinieren. Alles aufkochen und nochmals einige Tage marinieren lassen.
2 Für die Soufflés Eier trennen. Zimmerwarme Butter mit einer Prise Salz cremig rühren. Nach und nach das Eigelb einarbeiten, sodass eine glatte Masse entsteht.
3 Eiweiß mit Zucker und einer Prise Salz zu sämigem Schnee schlagen.
4 Nüsse und Brösel vermischen. Schokolade über Wasserdampf schmelzen und in die Buttermasse rühren. Sofort den Schnee sowie die Nussmischung unterheben.
5 Acht ofenfeste Förmchen mit Butter ausstreichen und mit Zucker ausstreuen. Die Masse zu 3/4 in die Förmchen füllen und im Wasserbad im Backofen bei 180 °C ca. 30 Minuten garen.
6 Sahne steif schlagen und Sauerrahm einrühren.
7 Soufflés auf die Teller stürzen. Zwetschgen und Sahne daneben anrichten. Alles mit dem Saft der Zwetschgen beträufeln. Mit Kräutern dekorieren.

Karibische Schokoladepalmen

>

Zutaten für 7 Portionen
Zubereitungsdauer ca. 1 1/4 Std.

Für die Schokoröhrchen
150 g dunkle Schokolade
steife Folie (wie z. B. Klarsichtmappen für Bürozwecke)

Für die Mousse
1 Ei
Zucker
250 g Sahne
60 g dunkle Schokolade

Für die Rumrosinen
100 g große Rosinen
10 ml brauner Rum

Für die Mangogarnitur
2 Mangos
60 ml Ananassaft
60 ml Kokoslikör

1 Für die Röhrchen aus der Folie 14 Rechtecke im Format von 12x6cm schneiden. Schokolade über Wasserdampf schmelzen und auf die Folien streichen. Folien über die lange Seite zu Röhren rollen, auf einen Teller stellen und kühlen.
2 Ei mit 1/2 EL Zucker cremig rühren. Sahne steif schlagen und unterrühren. Schokolade über Wasserdampf schmelzen und unterheben. Masse in einen Spritzbeutel füllen und in die Schokoröhrchen spritzen. Erneut kühlen.
3 Rosinen heiß waschen. Mit Rum erwärmen und 30 Minuten ziehen lassen.
4 Mangos schälen und das Fleisch von den Kernen schneiden; von der ersten Mango in beliebigen Stücken, von der zweiten in hübschen, schlanken Spalten. Fruchtfleisch der ersten Mango mit Ananassaft und Kokoslikör pürieren.
5 Folie von den Schokoröhrchen ziehen. Röhrchen auf Teller stellen, mit Mangospalten belegen, mit Mangosauce umkränzen. Rosinen dazu auf die Teller geben.

Das kleine Kunsthandwerk der Schokoladeröhrchen. Als Werkzeug dient Klarsichtfolie.

Schokoladekuchen mit Rumbananen

Zutaten für 1 Kuchen/ca. 12 Portionen
Zubereitungsdauer ca. 1 Std.

4 Eier
80 g geriebene Haselnüsse
150 g Mehl
2 EL Kakaopulver
1 EL Ovomaltine
6 cl Rum
1/8 l Erdnussöl
1/8 l Mineralwasser
5 g Backpulver
250 g Zucker

Für die Fülle und Creme
3 Bananen
Rum
Marmelade (z. B. Marillen)
250 g Sahne
150 g Nougatpaste
150 g mäßig dunkle Schokolade
Kokosraspel

1 Eier mit Zucker cremig rühren. Mineralwasser, Rum und Öl einrühren. Restliche Zutaten vermischen und unterheben. Ein Backblech mit Backpapier auslegen. Masse aufstreichen und im Backofen bei 180 °C ca. 15 Minuten backen.
2 Kuchen abkühlen lassen und auf eine Platte oder ein zweites Blech stürzen. Papier abziehen, Kuchen wie eine Torte horizontal durchschneiden.
3 Bananen der Länge nach in jeweils 3 Scheiben schneiden, mit Rum begießen und 15 Minuten ziehen lassen. Bananen auf einen Teil des Kuchens legen, mit erwärmter Marmelade bestreichen, mit dem zweiten Teil des Kuchens abdecken.
4 Für die Creme Sahne mit Nougat und Schokolade unter ständigem Rühren erwärmen, bis die Masse flüssig ist. Vom Herd nehmen und so lange weiterrühren, bis die Masse wieder abgekühlt ist.
5 Kuchen mit der Creme einstreichen und mit Kokosraspel bestreuen. Mit Sahne und Minze garniert und dekoriert servieren.

Schokoladekuchen mit Rumbananen

– Rezept auf Seite 190 –

21 FRÜCHTE & JOGHURT

Löffelweise Sommerfrische

Mehr Spannung ins Alltägliche und Supermarktkonforme! Also Fruchtjoghurt auf die avancierte Art. Und alle Sorten Joghurt sollen uns recht sein, vom Kuhmilch- bis zum Ziegenmilchjoghurt, rechts-, links- oder sonstwie drehend. Nur ein Gesetz ist uns hier wichtig. Das vom Fett als Geschmacksträger – je mehr Fett, desto mehr Geschmack.

Dazu die ausgewählten Früchte. Für einen erfrischenden TROCKENFRÜCHTE-COCKTAIL beispielsweise, um den Südosten Europas und das angrenzende Asien zu zitieren. Getrocknete Marillen in Stücke schneiden und gemeinsam mit großen Rosinen und getrockneten Maulbeeren in Apfelsaft einweichen. Am besten mit Ziegenjoghurt vermischen und gekühlt servieren. Vielleicht mit ein wenig Leinsamenöl verrühren, weil es ernährungsphysiologisch wertvoll und geschmacklich interessant ist.
Eine andere Erfrischung mit einem Hauch von persischer Küche. APFEL-SAFRAN-JOGHURT: Äpfel mit ein wenig Apfelsaft und Safran zu Apfelmus kochen. Dieses Mus mit Joghurt schlampig verrühren und mit Pistazienkernen bestreut servieren.

Das bekannte HEIDELBEER-JOGHURT in kulinarisch wertvoller Version könnte man so anlegen: Heidelbeeren und Karotten im Verhältnis 4:1 entsaften. Saft mit Joghurt und Kastanien- oder Lavendelhonig vermischen.

Und da wir schon bei schwarzen Beeren sind: HOLLERKOMPOTT MIT JOGHURT.
1 Teil gerebelten Holunder mit 3 Teilen blättrig geschnittenen Äpfeln, einem Teil in Spalten geschnittenen Zwetschgen und einem Teil Zucker sowie einem kraftvollen Schuss Rotwein, einem kleineren Schuss Amaretto, Zimt und Vanillezucker so lang kochen, bis die Äpfel ganz weich sind. Dieses Kompott mit einem üppigen Löffel Joghurt servieren.

Für exotischere Varianten empfehlen sich Passionsfrucht, Mango, Papaya, Granatapfel, wahlweise und im Verhältnis nach Belieben. Man schneide oder breche alles in mundgerechte Stücke. Gieße ein wenig Kokosmilch dazu. Püriere ein wenig Mango und binde den Fruchtsalat mit diesem Püree. Darauf kommt portionsweise Joghurt, mit Kokosraspel könnte man bestreuen.

Die Frucht-&-Joghurt-Kombination lässt sich freilich auch aufwändiger inszenieren. Zum Beispiel in Form einer JOGHURTSUPPE. Hier ein Rezept von vielen: 50 g Himbeeren, eine halbe Banane, eine Hand voll entkernter Kirschen, kräftig Vanillezucker und Eierlikör nach Belieben mixen. Mit einem Schuss Mineralwasser auf dickflüssige Konsistenz bringen, mit 500 g Joghurt vermischen und eisgekühlt servieren.

Zuletzt ein lauwarmes Dessert: Vollreife MARILLEN ODER PFIRSICHE entkernen, mit Zucker bestreuen und mit Marillen- bzw. Pfirsichschnaps beträufeln (Rum geht natürlich auch). Früchte im Backofen erwärmen, bis die Konsistenz der Früchte durchaus matschig ist. Joghurt in Teller geben, die ein wenig abgekühlten Früchte darauf setzen, mit Minze bestreut servieren.

Avocado-Joghurt-Creme

Zutaten für 12 kleine Portionen
Zubereitungsdauer ca. 25 Min.

1 reife Avocado
1 reife Mango
2 kleine Zucchini
1 Knoblauchzehe
Schnittlauch
Zitronensaft
500 g Joghurt
150 g Sauerrahm (saure Sahne)
Honig
Olivenöl
Kurkuma
Cayennepfeffer
Salz

1 Avocado und Mango schälen. Fruchtfleisch vom Kern schneiden oder lösen.
2 Avocado und Mango mit Joghurt, Sauerrahm, gepresstem Knoblauch, 2 EL Honig, einer Prise Salz, einer Messerspitze Cayennepfeffer und 2 Msp. Kurkuma pürieren.
3 Zucchini mit feuchtem Salz abreiben und unter fließendem Wasser abspülen, in kleine Würfel schneiden.
4 Wasser mit reichlich Salz aufkochen. Zucchiniwürfel darin ca. eine Minute kochen, abseihen und in eiskaltes Wasser legen, damit die frische Farbe erhalten bleibt.
5 Zucchiniwürfel aus dem Wasser heben und gut abtropfen lassen, mit Olivenöl, Salz und Zitronensaft abschmecken.
6 Zucchiniwürfel in Gläser füllen, mit Avocadocreme auffüllen und mit Schnittlauch dekoriert servieren.

Heidelbeer-Joghurt-Creme mit Heidelbeerkompott

Zutaten für 15 kleine Portionen
Zubereitungsdauer ca. 1 1/2 Std. (inkl. Kühlzeit)

Für die Creme
250 g Heidelbeeren
1 Zitrone
Cassis
400 g Joghurt
125 g Sahne
10 g Blattgelatine
Puderzucker

Für das Kompott
250 g Heidelbeeren
1/4 l Cassis
Maisstärkemehl

1 Gelatine in kaltem Wasser einweichen.
2 Heidelbeeren mit einem Schuss Wasser, 2 EL Puderzucker und dem Saft der Zitrone mixen. Die Mischung durch ein Sieb streichen.
3 Sahne steif schlagen. Heidelbeerpüree mit Joghurt und Sahne verrühren.
4 Gelatine ausdrücken, mit ein wenig Cassis erwärmen und schmelzen. Cassisgelatine unter die Masse heben. Masse in Förmchen füllen und gut kühlen.
5 Für das Kompott Cassis erhitzen. Wenig Maisstärke mit etwas kaltem Wasser glatt rühren, in den Cassis rühren, bis er leicht gebunden ist. Die Heidelbeeren dazugeben und einige Minuten kochen lassen.
6 Joghurtcreme mit Heidelbeerkompott anrichten.

Moderne Küchenplanung

Große Mengen leicht gemacht

Diese Creme ist wie die Avocado-Joghurt-Creme auf der vorigen Seite gut vorzubereiten. Mit diesen beiden Köstlichkeiten ist jedes Sommermenü gut eingeleitet und vorzüglich abgeschlossen, was den Stress der Gastgeber merklich reduzieren kann.

Topfen-Mango mit Joghurtsauce >

Zutaten für 6 Portionen
Zubereitungsdauer ca. 20 Min.

3 Mangos
250 g Topfen
2 Eiweiß
Vanillepuddingpulver
Vanillezucker
Lavendel
Kokosraspel
Zucker

Für die Sauce
1 Mango
250 g Joghurt
4 cl Limoncello (Zitronenlikör)
Rum
Orangensaft

1 Mangos halbieren und die Kerne herausschneiden.
2 Eiweiß mit 1 EL Zucker zu Schnee schlagen.
3 Topfen mit 1 TL Vanillepuddingpulver und 2 TL Vanillezucker verrühren. Eischnee unterheben.
4 Mangohälften mit Kokosraspel bestreuen. Topfenmasse darauf geben und jede Mango mit einem Zweig Lavendel belegen. Mangos im Backofen bei 250 °C ca. 5 Minuten backen.
5 Für die Sauce Mango schälen. Fruchtfleisch vom Kern schneiden und mit ein wenig Rum und Orangensaft zu saucenartiger Konsistenz mixen. Mit Joghurt und Limoncello verrühren.

Auf ähnliche Weise lassen sich auch *Topfen-Pfirsiche* zubereiten: Dafür große Pfirsiche verwenden. Zum Bestreuen nimmt man statt der Kokosraspel gehobelte Mandeln.

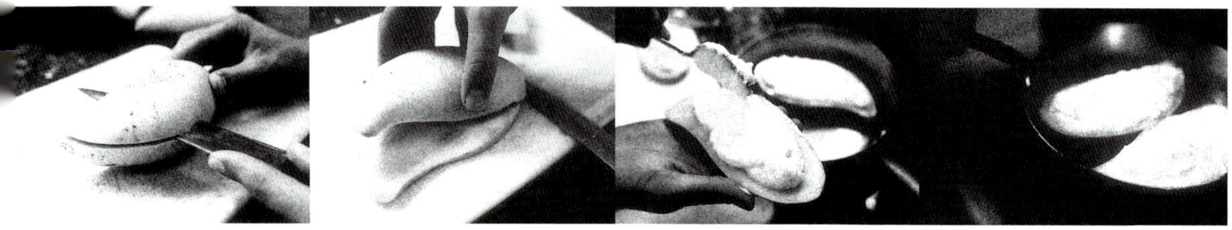

Schnelle Mangos! 1. Flugmangos, wegen der großen Fruchtigkeit. 2. Halbieren, entkernen, die schnelle Topfencreme darauf und in die Pfanne. 3. Mit Kokosraspel bestreuen, einen Lavendelzweig darauf und im Backofen bei größter Hitze braten.

Sauerkirschen mit Joghurt

Zutaten für 4 Portionen
Zubereitungsdauer ca. 3/4 Std.

500 g Sauerkirschen
250 g Joghurt
Kirschschnaps
Orangenlikör
300 g Zucker

1 Sauerkirschen entsteinen, dabei den Saft auffangen.
2 Zucker mit 60 ml Wasser, dem Saft der Kirschen und einem Schuss Kirschschnaps so lange kochen, bis der Zucker Fäden zieht. Kirschen einrühren, 2 Minuten leise kochen und den Topf vom Herd nehmen.
3 Joghurt mit einem Schuss Orangenlikör verrühren.
4 Kirschen auf Teller geben, Joghurt darauf schöpfen.

22 TOPFEN & ZITRONE

DIE FRISCHEKOMBINATION

Zitrusfrüchte bringen delikate Frische. Und von der gleichen Wirkungsart sind Topfen, Quark, Ricotta oder wie diese jungen Käse sonst noch heißen mögen. Doppelfrische kann doppelt gut sein. Wer sich vom Frischegedanken leiten lässt, findet zu Topfen & Zitrone auch ganz leicht ein paar adäquate Kräuter und Gewürze: Minze, Melisse, Zitronenkraut, Rosmarin, Zitronenthymian, Anis und dergleichen mehr, ja, auch Sesam, Kümmel und Kreuzkümmel werden passen.

Mit geriebener Zitronenschale, ein wenig Sauerrahm und reichlich gehackten Kräutern angerührter Topfen ist bereits eine probate FÜLLE FÜR ANTIPASTI. Man nehme – wenn man auf bewährten Pfaden bleiben will – kleine Paprika oder Peperoni, koche sie in Öl, bis sie sich mit einer Gabel leicht anstechen lassen, und fülle sie mit einem derart vorbereiteten Ricotta. Man nehme – schon ein wenig gewagter – kleine Tintenfische, brate sie kurz und kräftig in Olivenöl und fülle sie auf ebendiese Weise. Man fülle desgleichen Ravioli.

In der süßen Abteilung ist die Kombination von Topfen und Zitrone mindestens ebenso bewährt. Vor allem in der so genannten „Wiener Patisserie" mit all ihren Strudeln und Knödeln. Für TOPFENKNÖDEL 50 g Butter mit einem Hauch Salz cremig rühren. Nach und nach 2 Eier einrühren. Dann mit dem ganzen folgenden Rest locker verrühren: 500 g Topfen, 200 g Sauerrahm, 50 g Grieß, 100 g grob geriebenes Weißbrot, Saft und

Scheibchenweise
Zitrusfrische
Kandierte Zitronen- oder Limettenscheiben passen auf vielerlei Süßspeisen mit Topfen. Wie man sie macht, steht im Rezept rechts.

Schale von 2 Zitronen. Maßgeblich für die erfolgreiche Verfertigung dieser Knödel ist nicht nur das Rezept, sondern auch doppelte Geduld: Die Masse ruhen, ruhen, ruhen lassen – am besten 24 Stunden, denn der Grieß muss quellen, das Brot die Feuchtigkeit aufnehmen. Zweitens mit größter Sensibilität kochen: Mit befeuchteten Händen Knödel formen und in leicht wallendes Wasser legen. Bei zugecktem Geschirr knapp unter dem Siedepunkt gar ziehen lassen, denn heftiges Kochen führt ziemlich zuverlässig zur Auflösung der Knödel. Falls sie ganz geblieben sind: Knödel in gerösteten Semmelbröseln wälzen.

Und zweitens die STRUDEL: 200 g Butter mit 4 Eigelb, 200 g Puderzucker, 80 g Sahne, 1 kg Topfen, dem Mark einer Vanilleschote sowie Saft und Schale von einer Zitrone glatt rühren. 50 g entrindetes und in kleine Würfel geschnittenes Weißbrot sowie 4 EL Rosinen unterheben. Das Eiweiß von 4 Eiern zu Schnee schlagen und unterziehen. Diese Masse auf doppelt gelegten und zwischen den Lagen gebutterten Strudelteig legen, kleine Strudel formen. Strudel in eine ofenfeste Form geben, sodass diese dicht gefüllt ist. Strudel auch außen großzügig mit geschmolzener Butter bestreichen. Bei 170 °C ca. eine Stunde backen. Während der ersten Hälfte der Backzeit die Ofentür einen kleinen Spalt offen halten. Abkühlen lassen vor dem Genuss, denn lauwarm schmecken die Strudel am allerbesten.

Als Beilage zu allem passt ZITRONENSAUCE: 2 EL Zucker mit wenig Wasser so lang erhitzen, bis der Zucker bräunt. Mit dem Saft von 3 Zitronen ablöschen. Butter einrühren, bis sich eine leicht sämige Sauce ergibt.

Und für die Dekoration: Zitroniges. Zitronenkraut, Zitronenmelisse, Zitronenthymian.

Safran-Griess-Auflauf mit Gewürztraminer-Sabayon

Zutaten für 10 kleine Portionen
Zubereitungsdauer ca. 3 Std.

200g Topfen (Quark, 20 % F. i.T.)
70 g Grieß
1 unbehandelte Zitrone
1/4 l Milch
4 Eier
1 Zimtstange
Safranfäden
Salz

Für das Sabayon
1/8 l Gewürztraminer
Zucker

Für die Zitronenscheiben
2 unbehandelte Zitronen
120 g Zucker

Außerdem
Butter
Zucker für die Formen

1 Für die Zitronenscheiben 1/4 l Wasser mit Zucker kochen, bis der Zucker aufgelöst ist. Zitronen in dünne Scheiben schneiden, in das kochende Zuckerwasser legen, vom Herd nehmen und einige Stunden ziehen lassen.
2 Zehn Souffléförmchen mit Butter ausstreichen und mit Zucker ausstreuen.
3 Milch mit einem Stück Zimtstange, einer Prise Salz und 1 Msp. Safranfäden aufkochen. Grieß einrühren und unter ständigem Rühren einige Minuten kochen lassen. Vom Herd nehmen und fest werden lassen.
4 Eier trennen. 2 Eigelb für das Sabayon beiseite stellen. Die anderen 2 Eigelb mit Topfen, dem Saft und der abgeriebenen Zitronenschale verrühren.
5 Eiweiß mit 2 EL Zucker zu einem sämigen Schnee schlagen. Topfenmasse mit Grieß verrühren und den Eischnee unterziehen.
6 Masse in die Förmchen füllen und im Wasserbad im Backofen bei 180 °C ca. 20 bis 30 Minuten pochieren: Ein passendes Gefäß mit kochendem Wasser füllen und die Förmchen ins heiße Wasser stellen; die Förmchen sollten zu zwei Drittel im Wasser stehen.
7 Für das Sabayon Eigelb mit Traminer und 2 EL Zucker über Wasserdampf schaumig schlagen.
8 Soufflés auf Teller stürzen. Mit Sabayon überziehen und mit kandierten Zitronenscheiben garnieren.

Topfen-Zitronen-Creme mit Erdbeerragout und Zitronensauce

>

Zutaten für 8 Portionen
Zubereitungsdauer ca. 1 Std.

250 g Topfen (Quark, 20 % F. i. T.)
125 g Sauerrahm (saure Sahne)
300 g Sahne
60 g Joghurt
60 ml Zitronensaft
Limoncello (Zitronenlikör)
2 Vanilleschoten
12 g Blattgelatine
70 g Puderzucker
8 kandierte Zitronenscheiben
(siehe Rezept Seite 204)

Für das Erdbeerragout
300g Erdbeeren
Zitronensaft
Puderzucker

Für die Sauce
60 ml Zitronensaft
Tapiokamehl
Zucker

1 Gelatine in Wasser einweichen. Topfen mit Sauerrahm, Joghurt, Puderzucker, Zitronensaft und dem Mark der Vanilleschoten verrühren. Sahne steif schlagen und unter die Topfenmasse heben.
2 Gelatine ausdrücken und mit ein wenig Zitronenlikör erwärmen, bis sie aufgelöst ist. Gelatine unter die Topfenmasse ziehen.
3 Zitronenscheiben in Tassen legen. Topfenmasse darauf füllen. Gut kühlen.
4 Für das Erdbeerragout Erdbeeren putzen. Ein Drittel davon mit Zucker und Zitronensaft nach Geschmack pürieren. Restliche Erdbeeren in Spalten schneiden und mit den pürierten Erdbeeren zu einem Erdbeerragout vermischen.
5 Für die Sauce 60 ml Wasser mit Zitronensaft und 1 EL Zucker aufkochen. Etwas Tapiokamehl mit wenig Wasser glatt rühren und in den Fond einrühren. Aufkochen lassen, bis die Sauce gebunden ist. Auskühlen lassen.
6 Creme auf Teller stürzen, mit Erdbeerragout und eventuell Vanilleschoten garnieren. Mit Zitronensauce beträufeln.

Topfentörtchen

Zutaten für ca. 25 Törtchen
Zubereitungsdauer ca. 4 Std.

Für den Teig
250 g Topfen (Quark, 20 % F.i.T.)
250 g Butter
250 g Mehl
Salz

Für den Belag
200 g Topfen (Quark, 20 % F.i.T.)
Sauerrahm (saure Sahne)
2 unbehandelte Zitronen
2 cl Limoncello (Zitronenlikör)
1 Eiweiß
Zucker

Für die Dekoration (nach Wahl)
kandierte Zitrusfrüchte
Zitronenschalen, Pomeloschalen, Orangenschalen ...
Grapefruitfilets
Limettenspalten
Kräuter wie Zitronenmelisse oder Zitronenthymian ...

1 Alle Zutaten für den Teig verkneten. Teig in Frischhaltefolie einschlagen und im Kühlschrank mindestens 3 Stunden ruhen lassen.
2 Teig 3 mm dick ausrollen, zweimal einschlagen: unteres Drittel über das mittlere Drittel und Rest darüber schlagen. Noch einmal ausrollen. Aus der Teigplatte 25 runde Böden von 7 cm Durchmesser ausstechen. Bei 250 °C goldbraun backen.
3 Für den Belag 1 EL Zucker mit 2 EL Wasser so lange kochen, bis der Zucker sirupartige Konsistenz hat und fast karamellisiert. Eiweiß zu weichem Schnee schlagen. Gekochten Zucker zugeben und die Masse fest ausschlagen.
4 Topfen mit 1 EL Sauerrahm, geriebener Zitronenschale und Likör verrühren.
5 Abgekühlte Teigböden mit der Topfenmasse belegen und mit kandierten Zitronenscheiben und dergleichen dekorieren.

Grapefruitschalen, selbst kandiert!

Man nehme Grapefruit- oder Pomeloschalen und viel Geduld. Schalen in Stücke schneiden, in viel kaltem Wasser ca. 4 Tage einweichen. In frischem Wasser aufkochen. Wasser abgießen. Nochmals in frischem Wasser aufkochen und abseihen und so ein drittes Mal. Schalen abseihen, abwiegen und mit dem gleichen Gewicht an Zucker vermischen. Auf kleiner Flamme kochen, bis die Schalen glasig werden.

23 HIMBEEREN & VANILLE

LIEBE IST …

… Himbeeren & Vanille. Sogar „Heiße Liebe“, wenn sich die Himbeeren in Form von heißer Sauce mit Vanille in Form von Eis vereinigen. Neben Banana-Split und Pfirsich Melba ist das dann auch eines der beliebtesten Eisdesserts aller Zeiten. Die Nachhaltigkeit der „heißen Liebe“ ist hier wie im wahren Beziehungsleben freilich eine Frage des Sensoriums bei der Pflege der Gefühle.

Betreffend Sauce ist die Qualität der Beeren das wesentliche Kriterium. Gepflückt im Wald, zu Zeiten der vollen Reife, daher betörend fruchtig-süß im Aroma, braucht man damit nicht mehr zu tun, als sie durch ein Sieb zu streichen. Sieb ist für das Pürieren in diesem Fall besser als der Mixstab, denn Himbeeren enthalten Kerne, die, wenn auch nur optisch, als störend empfunden werden können.

Idealtypisch fruchtige Himbeeren in großer Menge könnte man zu SAFT verarbeiten, wobei auch schon die Vanille mit ins Spiel genommen werden kann: Beeren mit Vanillezucker und Minze- oder Melisseblättern im Dampfentsafter entsaften. Erwärmt und mit in Wasser angerührtem Stärkemehl leicht gebunden, ergibt dieser Saft auch schon eine liebenswerte Sauce. Falls die Himbeeren ein wenig nachgebessert werden müssen, gelangt man auf dem folgenden Weg zu einem fast genauso tollen Resultat: Himbeeren mit Läuterzucker und einem Schuss Himbeergeist ca. 10 Minuten köcheln; für Läuterzucker kocht man Wasser mit Zucker im Verhältnis 1:1 so lang, bis der Zucker aufgelöst ist. In diesem Fall sollte man so viel zu den Beeren geben, dass sie leicht bedeckt sind. Himbeeren nach dem Kochen durch ein Sieb streichen und den Geschmack durch Zitronensaft, Zucker und eventuell Himbeerlikör nach Belieben einstellen. Wenn die Sauce zu dick geworden ist, kann man sie mit ein wenig Sodawasser verlängern.

VANILLEZUCKER lässt sich übrigens ganz leicht auch selbst herstellen: Vanilleschoten der Länge nach aufschneiden, in ein Glas geben, mit Zucker auffüllen und dicht verschließen. Schon nach wenigen Tagen hat der Zucker das Aroma der Vanille aufgenommen, und mit einem Glas von einem solchen Zucker kann man monatelang Freude haben.

Mit solchem Zucker kann man auch eine ganz einfache HIMBEERCREME ins Auge fassen: 2 Eigelb mit 80 g Vanillezucker cremig rühren. 1/8 l Milch, 200 g Topfen und 200 g Schlagsahne unterrühren (wenn der Topfen sehr fest ist, einen kleinen Teil durch Sauerrahm ersetzen). 6 g Gelatine mit einem Schuss Himbeergeist schmelzen. Mit 70 ml Himbeersirup in die Masse rühren. Creme in eine Schüssel geben, kühlen und mit Himbeeren bestreut servieren.

Der VANILLEPUDDING zu den Saucen geht so: 3 Eier und 4 Eigelb mit 120 g Zucker cremig rühren. 1/2 l warme Milch und das Mark von 2 Vanilleschoten nach und nach einrühren. Masse leicht erwärmen, dabei ständig rühren. Himbeeren in ofenfeste Formen geben, mit Himbeergeist beträufeln. Masse in Formen gießen und ein wenig stehen lassen, damit Luftblasen entweichen können. Im Wasserbad bei 120 °C 1½ bis 3 Stunden pochieren. In den Formen servieren.

Die einfachste Kombination von Himbeeren & Vanille passt zum Pudding und vielen anderen Desserts: HIMBEERSAHNE. Sahne mit Himbeermark oder Himbeersaft und Vanillezucker cremig schlagen. Schmeckt – mit Himbeeren vermischt – auch solo.

Himbeeromelett

Zutaten für 2 Portionen
Zubereitungsdauer ca. 20 Min.

150 g Himbeeren
5 Eier
320 ml Milch
Butter
1 Päckchen Vanillepuddingpulver
Mehl
1 kl. Vanilleschote
Zucker
Salz

1 250 ml Milch mit 2 EL Zucker und der aufgeschnittenen Vanilleschote aufkochen.
2 70 ml Milch mit dem Vanillepuddingpulver und 2 Eigelb verrühren.
3 In die heiße Milch rühren und so lange bei mäßiger Hitze rühren, bis die Masse cremig ist. Das Eigelb darf dabei aber nicht stocken, was bei einer Temperatur von über 72 °C eintritt. Masse abkühlen lassen.
4 In einer Pfanne 2 EL Zucker mit 1/2 EL Butter erhitzen, bis sich der Zucker braun färbt. Pfanne vom Herd nehmen.
5 Drei EL von der Creme mit 3 Eigelb und 3 EL Mehl verrühren.
6 Drei Eiweiß mit 3 EL Zucker und einer Prise Salz zu Schnee schlagen und darunterheben. Alles in die Pfanne mit dem karamellisierten Zucker gießen. Mit Himbeeren bestreuen, in den auf 220 °C vorgeheizten Backofen schieben und etwa 10 Minuten backen. Mit Zucker bestreut servieren.

Himbeertörtchen

>

Zutaten für 8 Törtchen
Zubereitungsdauer ca. 1 Std.

ca. 200 g Himbeeren
1 unbehandelte Limette
2 Eiweiß
Zucker
1 Vanilleschote
ca. 50 g Kokosraspel
Marzipanrohmasse

Für den Teig
250 g Mehl
100 g kalte Butter
100 g Zucker
1 Ei

Für die Nougatcreme
125 g Sahne
80 g dunkle Schokolade
(ca. 60 % Kakaobestandteile)

Für die Sauce
150 g Himbeeren
30 g Vanillezucker
4 cl Himbeergeist

1 Aus allen Zutaten einen Teig kneten und gekühlt ruhen lassen. Teig ca. 1/2 cm ausrollen. Mit einem Ring von 8 cm Durchmesser 8 Böden ausstechen. Bei 180 °C im Backofen mäßig braun backen. Auskühlen lassen.
2 Für die Nougatcreme Sahne erwärmen, Schokolade einrühren und behutsam erwärmen, bis eine glatte Creme entstanden ist. Kühl stellen.
3 Marzipan messerrückendick ausrollen und passend für die Böden ausstechen. Auf die Böden legen. Ringe darauf stellen. Creme in einen Spritzbeutel füllen. Innenseiten der Ringe mit Creme überziehen. Ringe mit Himbeeren füllen. Himbeeren mit abgeriebener Limettenschale bestreuen.
4 Aus 2 Eiweiß, 60 g Zucker und dem Mark der Vanilleschote einen steifen Schnee schlagen. Törtchen damit zustreichen, mit Kokosraspel bestreuen und bei maximaler Oberhitze oder im Grill überbacken. Törtchen samt Ring auf Teller setzen. Ring rundum mit einem dünnen Messer lösen und vorsichtig abheben.
5 Für die Sauce alle Zutaten mixen und durch ein Sieb streichen.

Von der Nougatcreme wird ein wenig übrig bleiben.
Gut kühlen, mit einem kleinen Löffel Pralinen ausstechen, auf dem Löffel anbieten.

Klassiker mit Überzeugungskraft
Heiße Liebe
Die Kombination von Himbeeren und Vanille wirkt besonders überzeugend in der jugendvebotenen weil alkoholischen Variante: Vollreife Himbeeren pürieren, mit ganzen Himbeeren, Himbeergeist und Vanillezucker erhitzen. Über Vanilleeis ziehen und mit Minze oder Melisse dekorieren.

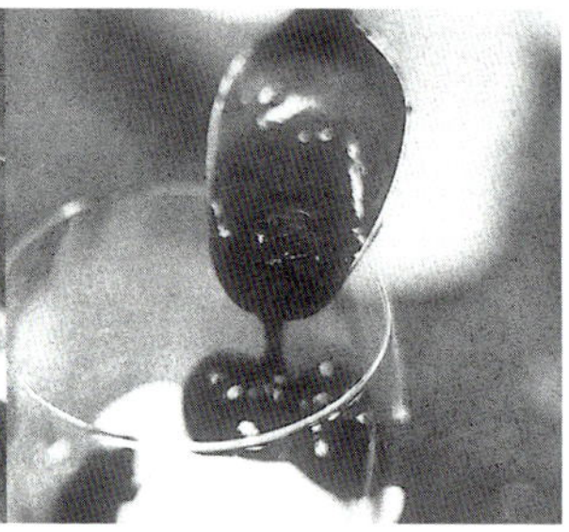

Himbeer-Sauerrahm-Auflauf

Zutaten für 4 Portionen
Zubereitungsdauer ca. 1/2 Std.

500 g Himbeeren
125 g Sauerrahm (saure Sahne)
3 Eier
Puderzucker
1 Vanilleschote
Eierlikör
Honig

1 Himbeeren waschen, abtropfen lassen und in eine ofenfeste Form geben.
2 Sauerrahm mit Eiern, 3 bis 4 EL Puderzucker, dem Mark der Vanilleschote und einem Schuss Eierlikör mit dem Stabmixer aufschlagen. Masse über die Himbeeren gießen und bei 190 °C ca. 20 Minuten backen.
3 Form aus dem Backofen nehmen. Auflauf abkühlen lassen und ein wenig kühlen. Gekühlte Masse mit einem großen Löffel nockenförmig ausstechen und auf Teller setzen. Mit Honig beträufeln. Dazu passt Vanilleeis.

Himbeer-Schilcher-Suppe mit Eierlikörmousse >

Zutaten für 8 Portionen
Zubereitungsdauer ca. 1 Std. (ohne Kühldauer)

500 g Himbeeren
400 ml Schilcher oder anderer säurebetonter Roséwein
200 ml Orangensaft
3 unbehandelte Limetten
60 g Zucker

Für die Mousse
500 g Sahne
180 g weiße Kuvertüre
2 Eier
1/8 l Eierlikör
Orangenlikör
6 g Blattgelatine
Zucker
Pistazien

1 Zuerst die Mousse zubereiten: Gelatine in kaltem Wasser einweichen. Sahne steif schlagen. Eier mit 1 EL Zucker cremig rühren und unter die Sahne heben.
2 Kuvertüre über Wasserdampf oder im Mikrowellengerät schmelzen. Mit Eierlikör verrühren, schnell unter die Sahne heben.
3 Gelatine ausdrücken, mit einem Schuss Orangenlikör bis zum Schmelzen erwärmen und unter die Masse heben. Mousse gut kühlen.
4 Für die Suppe den Wein mit Zucker, dem Saft der Limetten, der fein geriebenen Schale von 2 Limetten, Orangensaft und Himbeeren vermischen. Gekühlt mindestens eine Stunde ziehen lassen.
5 Beeren aus der Flüssigkeit heben und in tiefe Teller geben. Aus der Mousse Nocken ausstechen und neben die Himbeeren setzen. Mit Pistazien bestreuen. Himbeermarinade mixen und auf die Himbeeren schöpfen.

Mousse im Ei?

Wie im Bild rechts gezeigt, ist das eine hübsche Servieridee. Die Eierschalen vor der derartigen Verwendung allerdings gut auskochen. Salmonellengefahr!

Himbeertarte mit Vanillesahne

Zutaten für 2 Tartes mit 24 cm Ø
Zubereitungsdauer ca. 4 Std.

Für den Teig
80 g Topfen (Quark; 20 % F. i. Tr.)
80 g Butter
80 g Mehl
Salz

Für die Fülle
1 kg Himbeeren
4 Zitronen (1 Stk. unbehandelt)
500 g Crème fraîche
500 g Mascarpone
8 Eier
1 EL Vanillepuddingpulver
Maisstärkemehl
2 EL Vanillezucker
130 g Zucker

Für die Vanillesahne
250 g Sahne
1 Schuss Whiskylikör
1 Vanilleschote

1 Alle Zutaten für den Teig verkneten. Teig in Frischhaltefolie einschlagen, im Kühlschrank mindestens 3 Stunden ruhen lassen.
2 Teig 3 mm dick ausrollen, zweimal einschlagen: Unteres Drittel über das mittlere Drittel, oberes Drittel über die beiden anderen Lagen falten. Nochmals ausrollen. Den Teig in zwei Tarteformen legen; am besten beschichtete Blechformen mit herausnehmbarem Boden verwenden.
3 Zitronen auspressen. Saft der Zitronen, abgeriebene Schale von einer Zitrone sowie alle anderen Zutaten für die Fülle außer Himbeeren und Maisstärkemehl glatt rühren.
4 Himbeeren putzen, waschen und gut abtropfen lassen. Mit Maisstärkemehl bestreuen und vermischen (das Mehl bindet den Saft).
5 Himbeeren auf den Teig geben und mit der Crème-fraîche-Mischung begießen. Tartes im Backofen bei 200 °C backen, bis sich die Fülle fest anfühlt, das dauert ca. 40 Minuten. Tartes vor dem Servieren völlig abkühlen lassen.
6 Für die Vanillesahne die Vanilleschote aufschneiden und das Mark auskratzen. Sahne mit Likör und Vanillemark cremig rühren.

24 KÄSE & KONFITÜRE

INSPIRATION VOM FRÜHSTÜCKSTISCH

Weiterdenken! Ein klein wenig nur, und schon gelangen wir über das Selbstverständliche zum Überraschenden. Das Obst auf dem Käseteller führt doch ganz leicht zu der Idee, Käse mit Konfitüre, Fruchtgelee, Marmelade oder Honig zu ergänzen. In manchen Ländern hat man längst so weit gedacht und frühstückt in größter Selbstverständlichkeit Käse mit Marmelade, nicht nacheinander, sondern aufeinander.

Rasch aufgezählt ist, welche Käse sich schwer mit Konfitüre kombinieren lassen: Heftig riechende, wie fetter, reifer Brie oder Quargel; dafür erweisen sich Nüsse als standhaftere Begleitung. Trockene, salzige Sorten wie Graukäse; die brauchen rustikalere Ergänzungen wie Essig, Öl und Zwiebelringe.

DUFTIGE UND WÜRZIGE KÄSE wie Emmentaler, Manchego und diverse Frischkäse mit nussigen Aromen passen vorzüglich mit Steinobst zusammen, beispielsweise mit Marillen oder reifen Zwetschgen. Man könnte diesen Früchten oder Konfitüren sogar ein wenig Bittermandelöl oder Mandelkerne zugeben, um den gewissen Marzipanton noch zu verstärken. Hochverdichteter TRAUBENGESCHMACK, wie ihn Traubengelee oder in Grappa eingelegte Rosinen liefern, harmoniert vorzüglich mit gereiften Schafmilchkäsen. FEIGENMARMELADE – mit Portwein, Gewürznelken, Zimt, Sternanis und Rosmarin zubereitet – bringt exotische Düfte auf den Teller und macht besonders viel Freude in Kombination mit korsischem Ziegenkäse oder Pecorino.

Zwei Grundregeln gelten bei allen Spielereien mit Käse und Konfitüre: Niemals zu viel von der süßen Begleitung geben, denn der Käse muss der Hauptdarsteller des Ensembles bleiben. Und: Je heftiger die Käse im Aroma, desto süßer darf man die Ergänzung wählen.

Frischkäse mit Tomatenkonfitüre

Zutaten für 4 Portionen
Zubereitungsdauer ca. 1 Std.

350 g Frischkäse
(am besten aus Kuhmilch)
Kräuter
Olivenöl
alter Balsamico-Essig

Für die Tomatenkonfitüre
(ergibt ca. 2 l)
2 kg Tomaten
1 kl. Bund Minze
1 kl. Bund Basilikum
1 Stängel Zitronengras
Ingwer
Korianderkörner
Chilischoten oder Cayennepfeffer
ca. 1 kg Gelierzucker

1 Für die Konfitüre Tomaten blanchieren, kalt abschrecken, abziehen und entkernen. Fruchtfleisch in Würfel schneiden. Saft dabei auffangen und die Kerne auspressen.
2 Tomatensaft auf die Hälfte der ursprünglichen Menge einkochen. Tomatenfleisch wiegen und gemeinsam mit dem gleichen Gewicht Gelierzucker zum Tomatensaft geben. Fein geschnittenes Zitronengras, 2 EL fein geschnittenen Ingwer, 10 gestoßene Korianderkörner, eine Chilischote oder eine Prise Cayennepfeffer, Minze und Basilikum zugeben; die Kräuter zusammenbinden, damit man sie nach dem Kochen leicht entfernen kann.
Alles 30 Minuten leise kochen lassen. Zur Gelierprobe ein wenig vom Saft auf einen Teller geben und in den Kühlschrank stellen – der Saft sollte innerhalb von 10 Minuten merklich fester werden.
3 Kräuter aus der Konfitüre heben und die Konfitüre in Gläser füllen. Am besten ein paar Tage oder Wochen reifen lassen.
4 Käse in Stücke schneiden und mit etwas Konfitüre anrichten. Mit Olivenöl und Balsamico-Essig beträufeln und mit Kräutern dekorieren. Dazu passt Früchtebrot. Dieses hauchdünn schneiden und im Backofen trocknen.

Die Konfitüre für pikante Gelegenheiten
Konfitüre aus vollreifen Tomaten ist eine aromatische Beilage zu gebratenem Fisch und Grillgerichten, zu Käse oder Gänseleber. Durch Zugabe von Rosmarin, Knoblauch und Basilikum lässt sich das Geschmacksgefüge in die mediterrane Richtung steuern. Korianderkörner und Ingwer bringen einen Hauch fernöstlicher Aromen.

Roquefort-Eierstich mit Chutney

>

Zutaten für 4 Portionen
Zubereitungsdauer ca. 3/4 Std.

100 g Roquefort
1/8 l Milch
125 g Sahne
2 Eigelb
2 Eier
Muskatnuss
Pfeffer
Salz

Für das Chutney
(für ca. 30 Portionen;
Zubereitung 4 Std.)
500 g Zwiebeln
700 g säuerliche Äpfel
1 Knolle Knoblauch
300 g Ananas
Weißweinessig
2 Stangen Zimt
7 Gewürznelken
3 Sternanis
3 EL Pfeffer
Gelierzucker
Zucker

1 Zuerst das Chutney zubereiten: Zwiebeln abziehen und in schlanke Spalten schneiden. Äpfel schälen, vom Kerngehäuse befreien und blättrig schneiden. Knoblauch abziehen und blättrig schneiden. Ananas schälen und in kleine Stücke schneiden.
2 Gemüse und Früchte in einen Topf geben und mit so viel Essig aufgießen, dass alles bedeckt ist. Einen Tag ziehen lassen.
3 Essig abgießen; der Essig kann für alle Arten fruchtiger Salate verwendet werden. Fruchtmasse abwiegen. Mit dem gleichen Gewicht von halb Zucker und halb Gelierzucker verrühren. Die Gewürze zugeben. Bei geringer Hitze drei Stunden leise kochen lassen. Chutney heiß in Gläser füllen.
4 Für den Eierstich Käse reiben oder klein schneiden. Alle Zutaten in einer Rührschüssel über Wasserdampf so lang rühren, bis der Käse geschmolzen ist.
5 Die Masse in eine rechteckige Form füllen und in eine mit kochend heißem Wasser gefüllte Wanne stellen. In den vorgeheizten Backofen schieben und bei 200 °C ca. 30 Minuten pochieren.
6 Eierstich mit einer dünnen Scheibe Roquefort und Chutney anrichten.

Dazu passt auch Fladenbrot

1 EL Butter schmelzen. 250 g Mehl mit Butter, 2 EL weißem und 1/2 EL schwarzem Sesam, 2 EL lauwarmem Wasser, 1 TL Paprikapulver, einem Eigelb und jeweils einer kräftigen Prise Salz, Kurkuma und Curry zu einem Teig verarbeiten. Teig dünn ausrollen, am besten mit einer Nudelmaschine. Backblech mit Mehl bestreuen, in den auf 250 °C vorgeheizten Backofen schieben und erhitzen. Teig stückweise auf das Blech legen und mit fein geriebenem Bergkäse bestreuen. So lang backen, bis der Teig ein wenig Farbe genommen hat. Brot wenden und fertig backen (gesamte Backdauer ca. 8 Min.). Restlichen Teig auf die gleiche Weise backen.

Butterkäse-Omelett mit Marillenmarmelade

Zutaten für 4 Portionen
Zubereitungsdauer ca. 15 Min.

8 Eier
60 g Sahne
100 g Butterkäse
Erdnussöl
Pfeffer
Salz

Für die Marmelade
(für ca. 1 l; Zubereitung 1 Tag)
1 kg Marillen (Aprikosen)
400 g Gelierzucker
Marillenschnaps
Weingeist

1 Marillen entsteinen, in Viertel schneiden, mit Gelierzucker vermischen und einen Tag stehen lassen. Einen Schuss Schnaps zugießen. 20 Minuten leise kochen.
2 Marmelade in Gläser füllen, jeweils einen kleinen Schuss Weingeist darauf gießen und diesen anzünden. Gläser noch vor Verlöschen der Flamme verschließen.
3 Käse in kleine Würfel schneiden. Eier mit Sahne, Salz und Pfeffer verquirlen.
4 In einer kleinen beschichteten Pfanne Öl erhitzen. Ein Viertel der Masse eingießen. Rühren, bis die Eier zu stocken beginnen. Ein Viertel vom Käse darauf streuen. Deckel auf die Pfanne geben. Sobald die Masse fast fest ist, eine Hälfte des Omeletts über die andere schlagen. Omelett auf einen Teller gleiten lassen. Restliche Masse ebenso verarbeiten. Dazu Marmelade servieren.

Alle Rezepte

Aiolibrot (zur Zwiebel-Knoblauch-Suppe) 146
Apfelgelee (zum Entenleber-Parfait) 128
Artischocken mit Bohnencreme 18
Auberginen-Oliven-Aufstrich 98
Auberginen-Tatar mit Nüssen und Mandeln 14
Avocadoauflauf (zu den Jakobsmuscheln) 42
Avocado-Joghurt-Creme 196

B

„Baeckeoffe“ vom Lammschlegel 64
Bananennockerl mit Honigmilch 180
Béchamelsauce (zur Morchellasagne) 114
Berliner Leber 126
Bohnencreme (zu den Artischocken) 18
Bohnencreme mit Speck und gebratenen Schalotten 24
Bohnensalat mit Linsen und Speck 26
Bulgursalat mit geräucherter Pute 74
Burgundersenf (zum gedämpften Rinderfilet) 162
Butterkäse-Omelett mit Marillenmarmelade 220

C

Champignonrahm (zu den Kartoffelnudeln) 112
Chutney (zum Roquefort-Eistich) 220
Couscous-Fülle (zu den gebratenen Tauben) 79

D

Duftreis-Creme mit Honignüssen 184

E

Eierlikörmousse (für die Himbeer-Schilcher-Suppe) 214
Eierschwammerl mit Pesto und Tagliatelle 111
Eingelegtes Kaninchen mit Kräutern 48
Entenkeulenragout mit gebratenen Orangen 90
Entenleber-Parfait mit Apfelgelee und Rotkrautsalat 128
Entenleber-Sugo „Grand Marnier“ 90
Entensuppe mit Weizennudeln 74
Erdbeerragout (zur Topfen-Zitronen-Creme) 206

F

Fasanentascherl mit Fenchelsalat und Sanddornkompott 152
Feldsalatsauce (zum Kalbfleischstrudel) 50
Fenchelcreme (zum sommerlichen Lammrücken) 100
Fenchelpüree (zur Scholle mit Limettensaft) 38
Fenchelsalat (zu den Fasanentascherln) 152
Forelle „Blau“ auf Sauerkraut 56
Frischkäse mit Tomatenkonfitüre 218
Frittierte Kabeljau-Gemüse-Rolle mit Sojasalat 119

G

Gans mit Hafer und Malzbiersauce 82
Gazpacho 68
Gebratene Ente mit Orangen und Kastanien 87
Gebratene Tauben mit Couscous-Fülle 79
Gebratener Lachs mit Apfelradicchio 34
Gedämpfter Kalbsrücken mit Spinatpaste und Ei 52
Gedämpfter Lachs mit Granatapfelsaft 34
Gedämpftes Rinderfilet mit Burgundersenf 162
Gesottene Entenbrust mit Orangen-Oliven-Ragout 92
Gesottene Ferkelkeule mit Topinamburcreme 137
Gesottene Rinderwade mit Rotweinfeigen 161
Gesottene Schweinsbackerl auf „steirische Art“ 138
Gesottener Kavalierspitz mit Quittenbirnen 164
Gewürztraminer-Sabayon (für den Safran-Grieß-Auflauf) 204
Grapefruit-Gelee mit Marsalaschaum 175

H

Haferflocken-Crêpes mit Gänseklein 82
Hasenmedaillons mit Selleriepüree und Vogelbeeren 154
Heidelbeer-Joghurt-Creme mit Heidelbeerkompott 198
Heilbutt mit Grapefruitsauce und Pak Choi 33
Heringsterrine mit Anissahne 59
Himbeeromelett 210
Himbeer-Sauerrahm-Auflauf 212
Himbeer-Schilcher-Suppe mit Eierlikörmousse 214
Himbeertarte mit Vanillesahne 214
Himbeertörtchen 212
Hirschragout mit Heidelbeeren und Milchbrotknödeln 150
Honigeis mit Milchreis und Rhabarberkompott 183
Honigwachteln mit Rollgerste 79
Hühnerbrust mit Kalamari und Polentapaprika 73
Hühnerbrust mit Zitronen-Schalotten 146
Hühnerkeulen-Ragout mit Cassis und Polenta-Zucchini 76
Hühnersulz mit Kräutertopfen und marinierten Kräutern 46

J

Jakobsmuschel-Auflauf mit Avocado 42
„Jiddische“ Geflügelleber 128
Joghurtsauce (zur Topfen-Mango) 200
Junges Kraut mit Räucherlachs 59
Jungschweinekeule mit Wurzelgemüse 134

K

Kalbfleischstrudel mit Feldsalatsauce 50
Kalbsleber mit Safranäpfeln 124
Kalbsnieren mit Essiglinsen und Speck 28
Kalbszüngerl mit Pilzen und Auberginen 118
Kaninchenleber mit Apfelmus und „Spritzkrapfen“ 129
Karamellisierter Chicorée 172
Karfiol mit Oliven, Kapern und Ei 97
Karibische Schokoladepalmen 190
Karottenbutter (zum Schweinefilet mit Knoblauch) 132
Karpfen mit Ingwer-Chinakohl 119
Kartoffelnudeln mit Champignonrahm 112
Kernöl-Walnusslikör-Eisparfait mit Zwergorangen 176

Kräutermus mit geräuchertem Putenschinken 52
Kräuterpaste (zum Karpfen mit Ingwer-Chinakohl) 119
Krensuppe mit Surstelze 137
Kürbissuppe 106

L
Lachsforelle mit Sauerkraut im Meersalz 60
Lammrücken mit Kräutersalat 100
Langustinos mit Melonen-Mischgemüse 36
Lasagne mit Mozzarella und Steinpilzen 111
Leberwurst-Bratäpfel 126
Liptauer 142
Löwenzahnkrapferl 172

M
Marillenmarmelade (für das Butterkäse-Omelett) 220
Marinierte Makrelenfilets mit Kapern-Oliven-Tartar 97
Marsalaschaum (für das Grapefruit-Gelee) 175
Miesmuscheln im Ananassud 42
Milchbrotknödel (zum Hirschragout) 150
Milchreis (zum Honigeis) 183
Morchellasagne

N 114
Nusspaste (zur gesottenen Rinderwade) 161
Nougatcreme (zum Himbeertörtchen) 212

O
Ochsenschwanzragout mit Nudeln 168
Orangen-Oliven-Ragout (zur gesottenen Entenbrust) 92
Orientalisch gewürztes Lammragout mit Kürbis 104

P, Q
Paprikasauce (zu Langustinos mit Melonen-Mischgemüse) 36
Pfefferschinkenrollen mit Trüffel-Rettich 138
Pfeffersahne (zur gesottenen Ferkelkeule) 137
Pilzsauce (zur Morchellasagne) 114
Polentapaprika (zur Hühnerbrust mit Kalamari) 73
Polentazucchini (zum Hühnerkeulenragout) 76
Polentazwiebeln 143
Putenbraten mit gebratenem Kürbis 106
Quittenbirnen (zum gesottenen Kavalierspitz) 164

R
Räucherforelle mit Specklinsen 26
Rehschlegel mit Mispeln und Brombeeren 155
Rehmousse mit Zucchini und Preiselbeeren 155
Reis mit Nüssen und Gemüse 16
Rhabarber-Apfel-Torte mit Campari 175
Rhabarberkompott (zum Honigeis) 183
Ricotta-Rinderrouladen 168
Rinderfilet mit Kürbis und Schalottenkonfitüre 165
Rollgerste (zu den Honigwachteln) 79
Roquefort-Eierstich mit Chutney 220
Roquefortsauce (zur gesottenen Rinderwade) 161
Rotkrautsalat (zum Entenleber-Parfait mit Apfelgelee) 128
Rotweinfeigen (zur gesottenen Rinderwade) 161
Rumzwetschgen (zum Schokosoufflé) 188

S
Safran-Grieß-Auflauf mit Gewürztraminer-Sabayon 204
Sanddornkompott (zu den Fasanentascherln) 152
Sauerkirschen mit Joghurt 200
Schalottenkonfitüre (zum Rinderfilet mit Kürbis) 165
Schokosoufflé mit Rumzwetschgen 188
Schokoladekuchen mit Rumbananen 190
Scholle mit Limettensaft und Fenchel 38
Schweinefilet mit Knoblauch und Karottenbutter 132
Seeteufel mit Orangeat, Kapern und Fenchel 39
Selleriepüree (zu den Hasenmedaillons) 154
Sojasalat (zur frittierten Kabeljau-Gemüse-Rolle) 119
Sommerlicher Lammrücken mit Kräutersalat 100
Specklinsen (zur Räucherforelle) 26
Spinatpaste (zum gedämpften Kalbsrücken) 52
Spinatpizza mit Pinienkernen und Ziegenkäse 21
Spritzkrapfen (zur Kaninchenleber) 129
Stubenküken mit Milchbrotfülle 76
Sur (zur Jungschweinekeule mit Wurzelgemüse) 134
Sur (zur gesottenen Ferkelkeule mit Topinamburcreme) 137

T
Thunfisch mit Paprika und Tomaten 67
Tomatenkonfitüre (für den Frischkäse) 218
Topfen-Mango mit Joghurtsauce 200
Topfentomaten 68
Topfentörtchen 206
Topfen-Zitronen-Creme mit Erdbeerragout 206
Topinamburcreme (zur gesottenen Ferkelkeule) 137

V
Vanillesahne (zur Himbeertarte) 214
Vogelbeerkonfitüre (zu den Hasenmedaillons) 154

W
Waller mit Schmortomaten, Kapern und Oliven 98
Wirsingsuppe mit Gänsekeulen und Nussbrot 19
Wolfsbarsch mit Mango und Frühlingszwiebeln 38

Z
Zander-Szegediner 60
Zitronensauce (zur Topfen-Zitronen-Creme) 206
Zitronen-Schalotten (zur Hühnerbrust) 146
Zwiebel-Knoblauch-Suppe mit Aiolibrot 146
Zwiebelsuppe mit Kokosnussmilch 18

Was Sie sonst noch finden können

Ideen, Rezepte und Tipps aus den Einleitungs- und den kleinen Texten

Ananas-Chutney 36
Apfel-Kraut-Salat 124
Apfel-Safran-Joghurt 195
Artischockencreme 96
Auberginenaufstrich 14
Austernpilze mit Nudeln 110

B

Beerensauce (zum Wild) 150
Blinis 72
Blutwurstravioli 132
Bohnensalat („Sommersalat") 24
Bruschetta 63
Burgunder-Senfsauce 162
Burgunder-Rinderbraten 159
Buttermilch-Honig-Gurken 179

C

Carpaccio mit Burgunder-Senfsauce 162
Cassoulet 23
Caviar d'Aubergine 96
Champagnerkraut 56
Choucroute mit Fisch 60

E

Eiersauce mit Aquavit und Gin 48
Eiersauce mit Zitronensaft 48
Ente à la Orange 85
Entenrisotto 86
Erdnusspesto 13

F

Feigen mit Holunder 149
Fladenbrot 220
Florentinermasse 180
Forellenfilet mit Soja und Ingwer 107
Forellenstrudel 112
Frittata 141
Fülle für Geflügel 71

G

Ganache (für Truffes) 188
Gänseleber mit Calvados 123
Gebratene Entenbrust 86
Geflügelleber-Pafesen 72
Geschmorte Quitten 149
Grapefruitsauce 33
Grappakartoffeln 143
Grüne Tomaten 172
Gurkensalat, indisch inspiriert 13

H, J

Heidelbeer-Joghurt 196
Heiße Liebe 212
Himbeercreme 210
Himbeersahne 210
Himbeersauce 209
Holunderkompott mit Joghurt 196
Honigsauce 180
Hühnercurry 104
Hühner- oder Entenfülle 71
Hühnerspießchen 67
Huhn „Kiew" 46
Joghurtsuppe 196

K

Kalbsleber mit Äpfeln 123
Kandierte Grapefruitschalen 206
Kandierte Orangenschalen 87
Kaninchen- und Lammleber 124
Kartoffel-Linsen-Salat 28
Knoblauchsuppe 142
Knoblauchmayonnaise 39
Kräuterbutter 45
Kräuteröl (Variante) 50
Kräuterpaste (3 Varianten) 46
Krustentiere („karibisch") 32
Kürbis „süß-sauer" 103
Kürbisravioli 104
Lammleber mit Äpfel 124

L

Letscho 141
Linsensalat 24
Löwenzahnsirup 172

M, N

Mais-Ricotta-Fülle 72
Mandelsauce 14
Marillen mit Joghurt 196
Mariniertes Backhuhn 72
Mousse au Chocolat 187
Mürbteig 180
Nougatblätter 176

O

Ochsenschwanzragout mit Sherry 160
Olivenbrot 95
Oliven-Kapern-Universalsauce 96
Olivenpesto 92
Oliventatar 97
Orangenbutter 86
Orangennudeln 86

P

Paprika (in Öl gekocht) 63
Paprika-Mandel-Mark 64
Peperoni al Pomodoro 63

R

Rettich-Ingwer-Salat 134
Rettichsalat 180
Rindfleischsalat 161
Rotkraut-Linsen-Salat 28
Rotweinreduktion 160

S

Schmalzaufstrich 141
Schokolade-Rum-Sauce 188
Schwarzbrot-Brösel-Panade 72
Schwarze Nüsse 176
Schwarzwurzel-Linsen 28
Schweinefleisch mit grüner Mango 172
Seezunge mit Limoncello-Kräutersaft 32
Seezungenfilet mit Mango 32
Senfbohnen 24
Shiitake-Pilze mit Nudeln 110
Soja-Ingwer-Suppe 118
Steinpilznudeln 109
Sushi Mediterranée 96
Sweet-and-Sour-Pork 142

T

Thunfischcreme 64
Tomatenragout 63
Tomatensauce 63
Topfenknödel 203
Topfen-Pfirsiche 200
Topfenstrudel 204
Topinambursalat 132
Trockenfrüchte-Cocktail 195
Trüffelnudeln 110

U–Z

„Universalsauce" (Oliven & Kapern) 96
Vanillepudding 210
Vanillezucker 210
Wallergröstl 96
Würzsauce mit Soja und Ingwer 117
Zitronensauce 204
Zwiebelrostbraten vom Schwein 131